ROADTRIP
MAKES ME FREE

VANLIFE EN FRANCE

Camille Visage
Pierre Rouxel

Éditions the roadtrippers

Merci !

Pour ce second ouvrage auto-édité de la collection *Roadtrip Makes Me Free*, nous tenons à remercier toutes les personnes qui nous ont accompagnés, encouragés et soutenus lors de la rédaction et de la mise en page.

Un grand merci à toutes les personnes ayant pré-commandé notre livre, qui nous ont fait suffisamment confiance pour l'acheter alors qu'il n'existait même pas encore et sans qui ce projet n'aurait pas pu aboutir.

Merci aussi à vous, qui tenez aujourd'hui ce livre entre vos mains. On espère que le résultat sera à la hauteur de vos attentes et qu'il vous inspirera à découvrir un peu plus la France.

BLACK· SHEEP
LOCATION DE CAMPERVAN

Ensuite, un énorme merci à notre partenaire officiel, l'entreprise de location de vans aménagés *Blacksheep*, qui nous a soutenu en finançant une partie de l'impression et en partageant leur road-trip de trois jours en Vendée.

Nous remercions enfin tous nos autres partenaires pour leur soutien financier et la participation à l'écriture de Conseils Vanlife :
Fourgon Le Site, Idylcar, Van-Away, Eco campers & Wikicampers

◆

Avec la participation de

Gilles & Maggy de *Coucou Liberté*
Magali, Julien & Tao de *Les Voyages de Tao*
Myriam & Florian de *Akao Van*
Pauline de *Yoga Vanlife*

Merci à vous pour ces belles interviews que vous nous avez accordées ♥

ROADTRIP
MAKES ME FREE

WESTFALIA

ICI, OU AILLEURS ?

LA FRANCE. Première destination touristique au monde, indétrônable depuis près de 40 ans.
Et en même temps, si méconnue.

Les vacances approchant, quel peut être un des premiers réflexes ? Se projeter dans un ailleurs pour s'extraire de ce que l'on connaît. Réserver un billet d'avion et s'envoler pour une destination aussi lointaine qu'exotique, par exemple. Cet automatisme, nous l'avons eu pendant de nombreuses années en quête d'émancipation du quotidien, de paysages grandioses, de rencontres interculturelles, de spécialités gastronomiques ou encore de routes inexplorées aux allures de rêves américains, persuadés que l'herbe y était plus verte.

Souvent, nous avons ressenti l'envie de découvrir de nos propres yeux la richesse de notre patrimoine. Rarement, nous lui avons accordé la juste attention qu'il méritait.

Jusqu'à ce qu'un beau jour, cette envie prenne la forme d'une chouette opportunité : cinq mois de road-trip, de Vanlife et de découvertes, toutes plus exaltantes les unes que les autres.

Montez à bord, nous vous emmenons avec nous pour une destination aussi locale, que dépaysante. La France.

A PROPOS DES AUTEURS

Curieux, passionnés par le voyage et la rencontre interculturelle, nous sommes avant tout un couple de Bretons, amoureux des montagnes et des grands espaces naturels. Habitués depuis plusieurs années à séjourner de pays en pays, d'abord pour les études puis pour le travail, l'esprit de découverte fait partie intégrante de nos vies.

Nous, c'est Camille et Pierre. Rencontrés dès nos dix-huit ans, à l'aune de notre première expérience de volontariat à l'étranger, nous n'avons cessé depuis d'explorer ensemble de nouveaux horizons. En 2017, suite à notre road-trip au Canada, nous fondions « The Roadtrippers », une plate-forme collaborative dédiée à la vie en van et aux road-trips. À la fois webzine d'inspiration Vanlife et récits d'aventures, nous tenions à ce que la collection *Road trip Makes Me Free* soit à son image.

Entrepreneurs, webmarketeurs, développeurs, photographes, rédacteurs, designers, blogueurs, aventuriers et maintenant éditeurs : nous profitons de chaque expérience pour acquérir de nouvelles compétences. Sur les routes françaises ou sur une île thaïlandaise perdue au milieu de l'océan indien, notre bureau n'a pas de racines : nous sommes ce que notre génération appelle des *digital nomads*.

A L'ORIGINE

Présenter notre premier ouvrage dans les plus grandes librairies françaises et profiter de cette occasion pour découvrir la France, voilà ce qui a motivé notre deuxième grand périple en van aménagé.

C'est en 2017, durant notre traversée du Canada d'est en ouest, que nous sommes tombés amoureux de la vie en van. À notre retour en France, à peine le premier pied posé sur notre terre natale, que déjà, nous n'aspirions qu'à repartir sur les routes. Le road-trip et sa liberté enivrante nous appelaient. Malgré les nombreuses péripéties dans lesquelles il nous avait entraînés, Bob, notre Dodge Ram Van de 1985 acheté à Montréal puis revendu à Vancouver, nous manquait terriblement.

Absorbés par la rédaction de cette aventure, et plongés dans ses heureux souvenirs pendant de nombreux mois, l'écriture était notre remède. Mais une fois *Roadtrip Makes Me Free au Canada* imprimé, ce qui était prévisible arriva : notre pulsion nomade se réveilla, plus puissante que jamais.

DE CE TOUR DE FRANCE

L'auteur indépendant, ne travaillant pas avec une maison d'édition, s'occupe lui-même de la conception de son livre, de son impression, mais aussi de sa distribution en magasin.

C'était décidé : nous repartirions sur les routes pour faire la tournée des librairies. Nous acheterions un combi VW T3 Joker et stockerions nos exemplaires dans sa rehausse.

Pour cibler les départements où nous rendre, nous avons pris en compte deux facteurs dans le tracé de notre itinéraire : la traversée de sites dépaysants dignes de destinations lointaines et la présence de librairies fréquentées pour y déposer nos livres. Nous nous donnions trois mois pour clore notre boucle. Nous en avons fait deux de plus.

Nous étions loin d'imaginer les profondes remises en question que cette aventure ferait naître en nous.

7500 KM
parcourus en 5 mois

126 NUITS
À BORD DE GEORGES

9 RÉGIONS
34 DÉPARTEMENTS

103 LIVRES
DÉPOSÉS DANS
17 LIBRAIRIES

6m2
pour deux

1 sortie en kayak

3480€
DÉPENSÉS

2 JOURS
DE TRAVAIL HEBDOMADAIRE

1 douche par semaine

0 PANNES

800 LINGETTES BÉBÉS

23 BALADES

34 600 L
d'eau économisés

NOTRE TOUR DE FRANCE EN 8 RÉGIONS

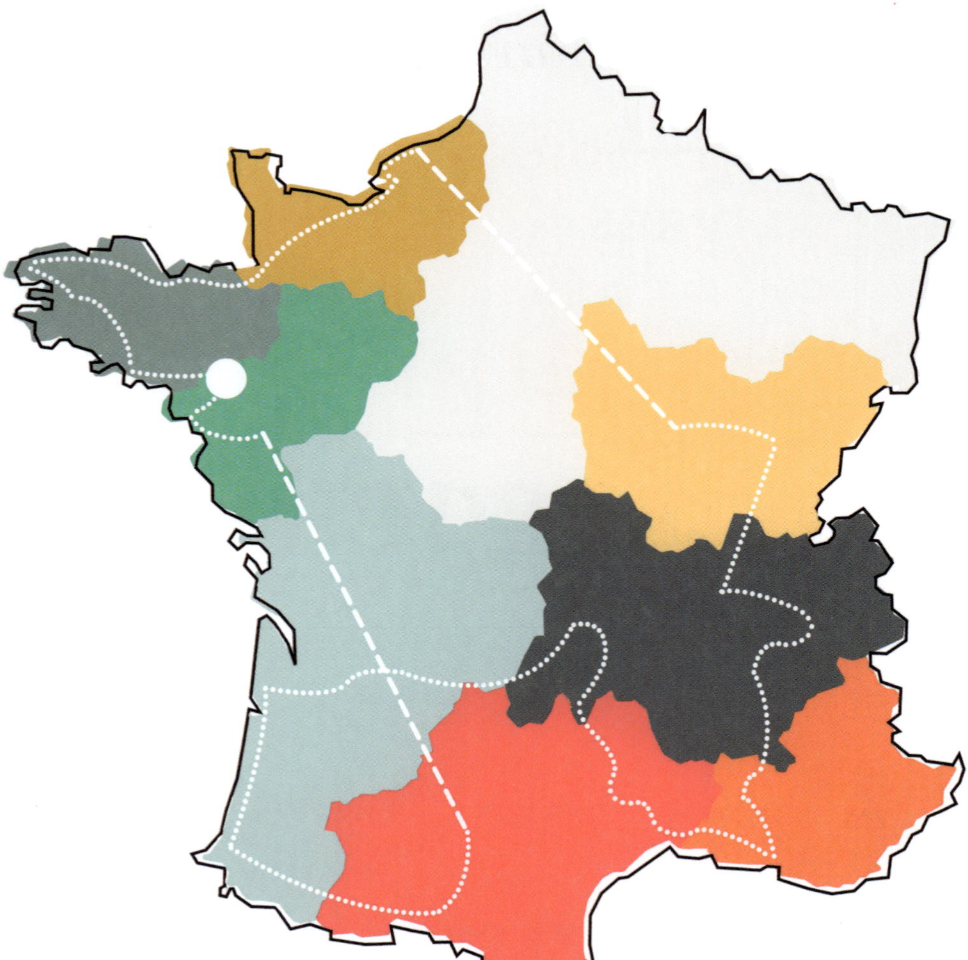

Spot Dodo

Camping

Hôtel Coup de Coeur

Spécialité Locale

Randonnée

Instant Coup de Coeur

Boutique Zéro Déchet

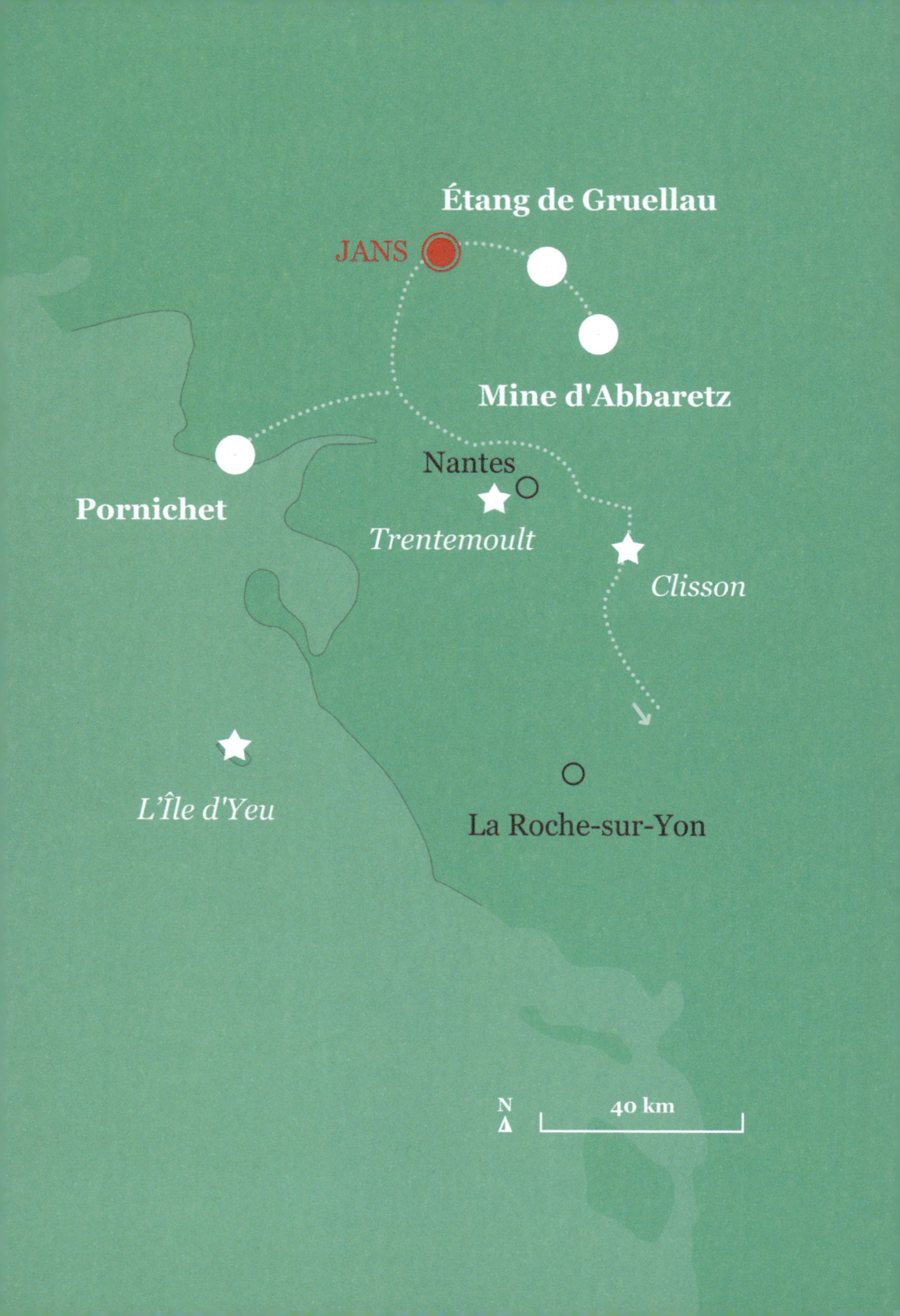

Étang de Gruellau
JANS
Mine d'Abbaretz
Nantes
Pornichet
Trentemoult
Clisson
L'Île d'Yeu
La Roche-sur-Yon
N
40 km

Pays de la Loire

Départ de Jans

305 km

Entre mer et marais, Bouin : 47.0206, -1.99267

Le Curé Nantais

Casa Vrac : *14 Venelle de l'Escarpe, Clisson (commerce en ligne et retrait en boutique)*

O bocal : *3 rue de l'Hôtel de Ville, Nantes*

LE TERRIL D'ABBARETZ

À quelques kilomètres de l'étang de Gruellau, l'ancienne mine d'étain d'Abbaretz est un lieu insolite qui nous transporte dans des paysages lunaires. Progressivement après la fermeture de l'exploitation, le site s'est reconverti en zone de loisirs et de balades. L'ancien terril avec ses 70 m de hauteur, est peut-être la colline qui offre le plus beau point de vue du département.

L'ÉTANG DE GRUELLAU

Les parents de Camille habitant dans la région, nous connaissons quelques pépites bien gardées de Loire-Atlantique qui méritent le coup d'oeil. L'étang de Gruellau à Treffieux est l'un de ces petits écrins de verdure (de 65 hectares tout de même) avec étang, bois et prairies. C'est le cadre idéal pour une promenade ou un pique-nique au grand air entre deux destinations.

PORNICHET

Destination de vacances et petite station balnéaire de Loire-Atlantique entre Saint-Brévin et la Baule, Pornichet nous a séduits avec ses jolies villas 1900. Le samedi matin, la place centrale se transforme pour accueillir marchands et gourmands le temps d'une matinée. En chemin vers la plage des Libraires, la villa Ker Souveraine attire notre attention. Construite en 1925 dans un style néoclassique italien, elle est souvent présentée comme la villa star de Pornichet.

AU FIL DES CHÂTEAUX DE LA LOIRE

— 143 km —

Les châteaux de la Loire sont une destination incontournable des touristes étrangers en France. Mais connaissons-nous nous-mêmes nos petites pépites régionales ? Si vous n'avez encore jamais visité les châteaux de la Loire, notez l'itinéraire que nous vous avons préparé entre Tours et Blois. Au fil de la Loire, partez à la découverte de six joyaux architecturaux de l'Histoire de France.

Le château de Chambord

Chambord est certainement le plus connu et le plus vaste des châteaux de la Loire. Empruntez l'incontournable escalier à double révolution qui a été pensé par l'ingénieux Léonard de Vinci. Cette prouesse architecturale pourrait, à elle seule, faire la renommée du château.

Le château de Cheverny

Vous souvenez-vous du fameux château de Moulinsart dans Tintin ? Eh bien Cheverny est tout simplement le château dont Hergé a tiré son inspiration pour ses planches. Encore habité, on dit que ce château est l'un des plus magnifiquement meublés du Val de Loire.

Le château de Chenonceau et le Clos-Lucé

Chenonceau, également surnommé le château des Dames, est certainement le plus charmant des châteaux de la Loire. Une atmosphère presque fantastique se dégage de son architecture et de ses arches qui enjambent le Cher.

Le Clos-Lucé, plus intimiste, a quant à lui été l'une des résidences d'été des rois de France et la dernière de Léonard de Vinci.

Les châteaux de Villandry et d'Azay-le-Rideau

Cette dernière étape nous amène à quelques kilomètres au sud de Tours, aux portes du parc naturel régional de Loire-Anjou-Touraine, pour découvrir deux derniers châteaux. Le château de Villandry dont les jardins font la renommée et le château d'Azay-le-Rideau qui, entouré par les eaux de l'Indre, nous présente son reflet majestueux.

Entre deux destinations, n'hésitez pas à vous arrêter dans un village troglodyte ou dans une cave champignonnière, typiques de la région.

Un joli spot dodo vous attend à quelques pas du château de Chenonceau :

47.3226770, 1.0636662

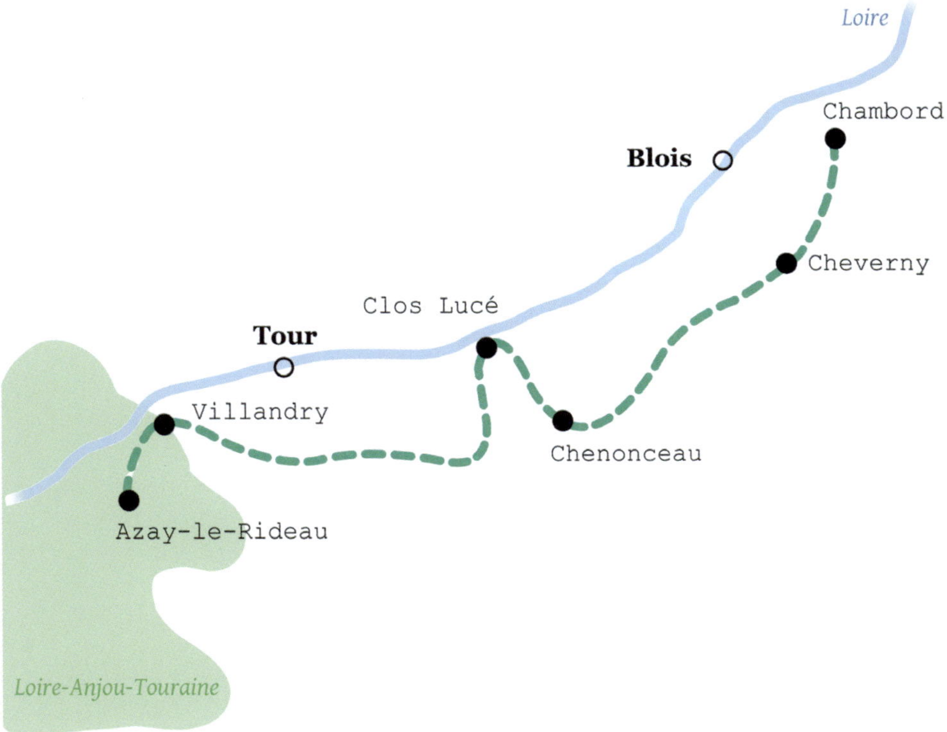

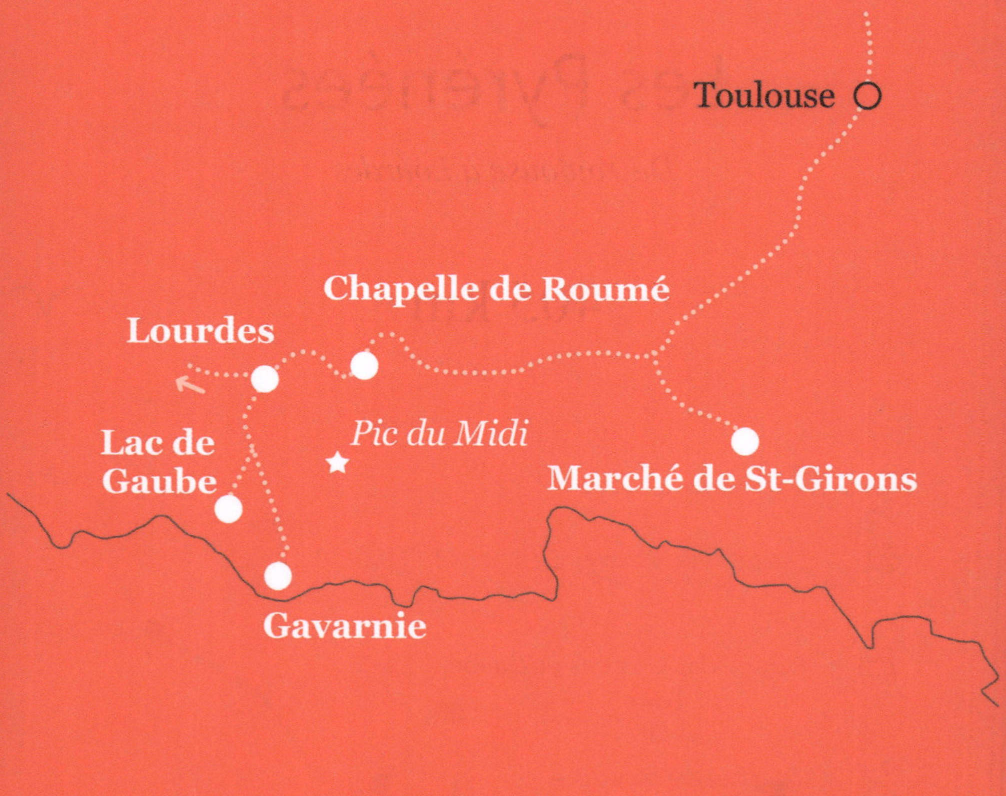
Toulouse
Chapelle de Roumé
Lourdes
Lac de Gaube
Pic du Midi
Marché de St-Girons
Gavarnie
N
50 km

Les Pyrénées

De Toulouse à Lourdes

405 km

Chapelle de Roumé, Cieutat : 43.111802, 0.210622

Refuge des Oulettes de Gaube

Le gâteau à la broche

Lac de Gaube

LE MARCHÉ DE SAINT-GIRONS

Nous ne pouvions pas passer en Ariège sans nous arrêter à Saint-Girons un jour de marché. Il prend place toute l'année le samedi de 8h à 13h dans le centre du village. On y retrouve des petits producteurs qui mettent en avant l'agriculture paysanne et écologique, des produits bio de fermes d'altitude, des charcuteries et pâtisseries locales. Ce marché est une véritable caverne d'Ali Baba pour tous ceux qui s'intéressent de près ou de loin aux modes de consommation alternatifs. Le tout dans une ambiance conviviale au son de concerts improvisés.

LA CHAPELLE DE ROUMÉ

À Cieutat, la chapelle de Notre-Dame-de-Roumé, datant de la fin du XIIe siècle, est l'une des plus anciennes construites sur le parcours de Saint-Jacques-de-Compostelle. Quatre fois par an, le lieu redevient même une étape de pèlerinage. Nous avons passé une nuit près de l'édifice sur un parking entouré de champs, avec vue sur la chaîne des Pyrénées. Par temps dégagé, on peut même apercevoir le sommet enneigé du pic du Midi.

TURQUOISE
AB

LOURDES

Même si nous ne sommes pas pratiquants, nous avions très envie de faire un stop à Lourdes avant de partir à la découverte des Pyrénées. Depuis tout petits, nous entendons parler de Lourdes et de ses miracles. Et il est vrai qu'il règne dans le Sanctuaire Notre-Dame-de-Lourdes une ambiance toute particulière, propice au recueillement et à l'éveil du sacré en soi.

LE CIRQUE DE GAVARNIE

Cette enceinte naturelle, de forme semi-circulaire et aux parois abruptes, est l'une des plus monumentales de France. Comment ne pas être subjugué par cette muraille vertigineuse d'où s'échappe l'une des plus hautes cascades d'Europe avec ses 413 m de chute libre. Aujourd'hui, ce site sensationnel est accessible en seulement 30 mn. Il faut une heure de plus pour arriver au pied de la grande cascade. Le cirque de Gavarnie, véritable spectacle des forces de la nature, est un lieu qui émerveille autant qu'il impressionne.

LE LAC DE GAUBE

Sentier	GR 10
Durée	3 h
Dénivelé	450 m

Nous avons pris la route depuis quelques jours seulement et trépignons d'impatience de faire notre première randonnée au coeur des Pyrénées. Nous garons Georges à Cauterets et empruntons la navette jusqu'au pont d'Espagne, afin de lui éviter quelques virages difficiles. En quelques minutes, le téléphérique nous téléporte à 1700 m d'altitude.

Le lac se dévoile sous nos yeux. En cette saison, nous ne sommes bien entendu pas les seuls à avoir choisi ce lieu pour une sortie au grand air dans les Pyrénées, mais peu importe : le cadre est idyllique.

Si nous continuons à remonter vers la source au fond de la vallée, nous devrions atteindre le refuge des Oulettes dans deux heures. Caché par intermittence par une succession de nuages rapides, nous essayons de garder le sommet du mont Vignemale en ligne de mire. Prostré sur son promontoire inaccessible, un isard nous guette du coin de l'oeil. Un autre, plus jeune et occupé à brouter des touffes d'herbe, nous ignore complètement.

Après deux heures de marche, nous atteignons le refuge des Oulettes, intrus au milieu de ces éléments indomptés. Nous y trouvons un lit en dortoir et une grande salle commune où nous profiterons d'un dîner réconfortant en compagnie des autres randonneurs. L'ambiance est conviviale dans cet abri coupé du monde.

Alors que nos colocataires provisoires sommeillent encore silencieusement, je me faufile hors du dortoir. Au-dehors, le temps est tout aussi calme. Il n'y a pas un bruit à l'horizon. Je m'installe sur un rocher surélevé pour contempler ce spectacle à la fois paisible et grandiose. Les premiers rayons du soleil atteignent progressivement le pic. Rien ne peut venir perturber ce moment suspendu.

Coupés de tout réseau mobile et internet, au plus près d'une nature sauvage impressionnante et préservée, on a l'impression de vivre des instants privilégiés. On se sent à la fois vulnérables et insignifiants face aux éléments extérieurs, mais immensément nourris de l'intérieur par ces moments extraordinaires.

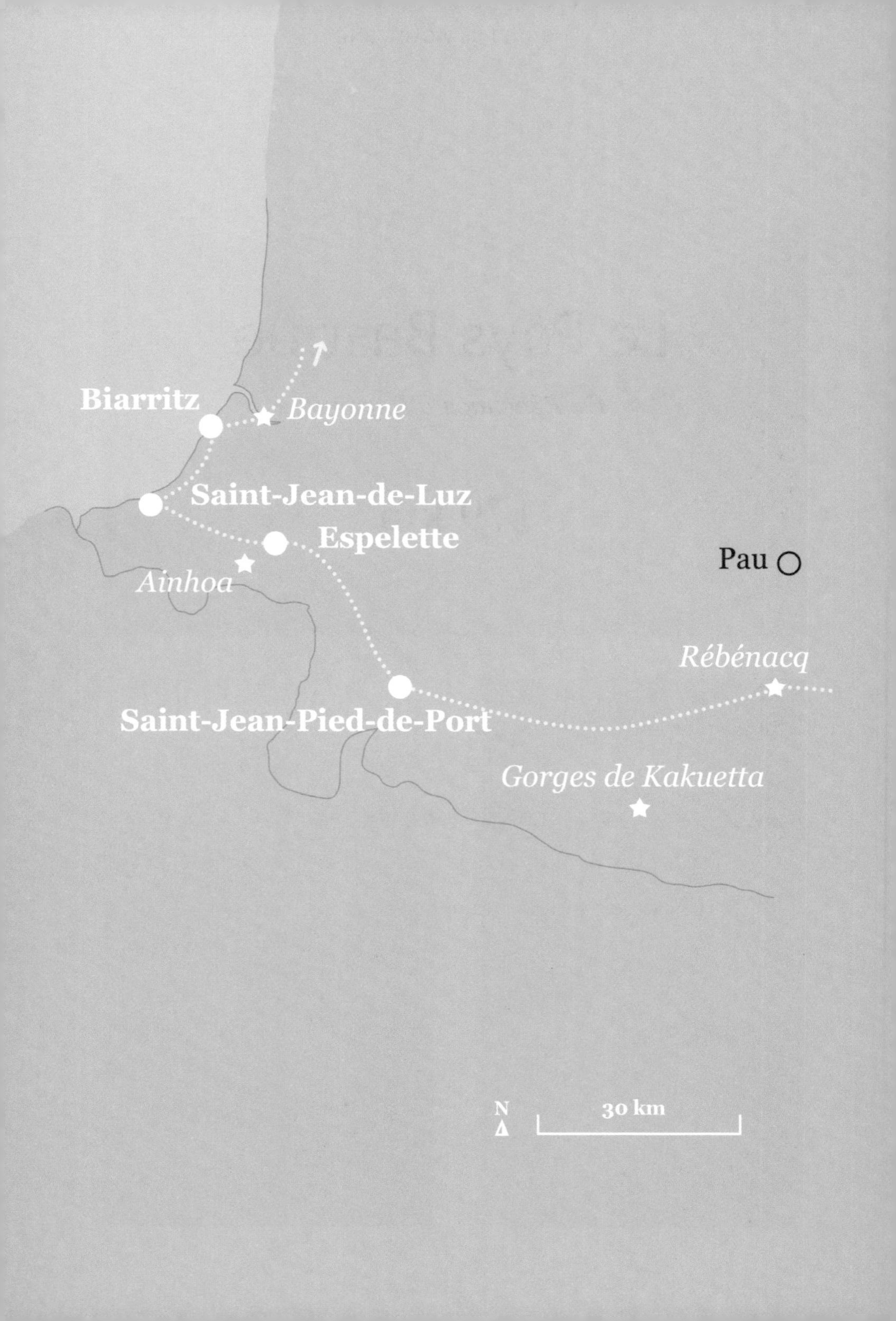
Biarritz
Bayonne
Saint-Jean-de-Luz
Espelette
Ainhoa
Pau
Rébénacq
Saint-Jean-Pied-de-Port
Gorges de Kakuetta
N
30 km

Le Pays Basque

De Rébénacq à Bayonne

179 km

Aérodrome d'Itxassou : 43.335999, 1.42077

Camping à la ferme Carrique, route d'Alcay, Alos-Sibas-Abense

Le gâteau basque à la confiture de cerises noires

SAINT-JEAN-PIED-DE-PORT

Situé au confluent du Laurhibar et de la Nive, le village est surplombé d'une imposante citadelle du XVIIe siècle. Avec ses rues piétonnières aux pavés irréguliers, ses devantures d'auberges pour les pèlerins de Saint-Jacques de Compostelle, et son chemin de ronde offrant une vue panoramique sur les collines aux alentours, la bourgade transpire l'Histoire et la culture basque. Remontez quelques centaines d'années en arrière, le temps d'une promenade dans le centre historique.

ESPELETTE

Célèbre pour ses cultures de piments, Espelette fait le bonheur des amateurs de photographie et de plats épicés. Avec leurs volets rouges en bois et les piments séchés regroupés en guirlandes sur leurs façades blanches, les maisons de ce village pittoresque offrent une vision insolite et dépaysante de ce que l'on a l'habitude de voir dans le reste du pays. Tous les ans et lors du dernier week-end d'octobre, des festivités ont lieu dans le village pour célébrer la fête du piment d'Espelette.

SAINT-JEAN-DE-LUZ

Au pied de l'océan Atlantique et abrité dans la baie de Socoa, entre station balnéaire et authentique village historique, le vieux centre de Saint-Jean-de-Luz est un incontournable du Pays basque. Bien que très touristique, son histoire mouvementée est bel et bien présente dans les pierres de ses vieilles ruelles étroites. Une promenade de l'autre côté de la Nivelle, à Ciboure, est également recommandée.

BIARRITZ

Station balnéaire par excellence dès le XIXe siècle, l'activité économique de Biarritz n'a fait que s'accélérer depuis. L'architecture riche et les grandes artères de ce haut lieu touristique témoignent de cet essor. Si nous avons trouvé le centre quelque peu surfait, le charme du Port Vieux a su nous convaincre. Sa plage, le rocher de la Vierge et le rocher du Basta sont des incontournables. En repartant, faites un crochet par le phare de Biarritz, l'endroit vaut le coup d'oeil.

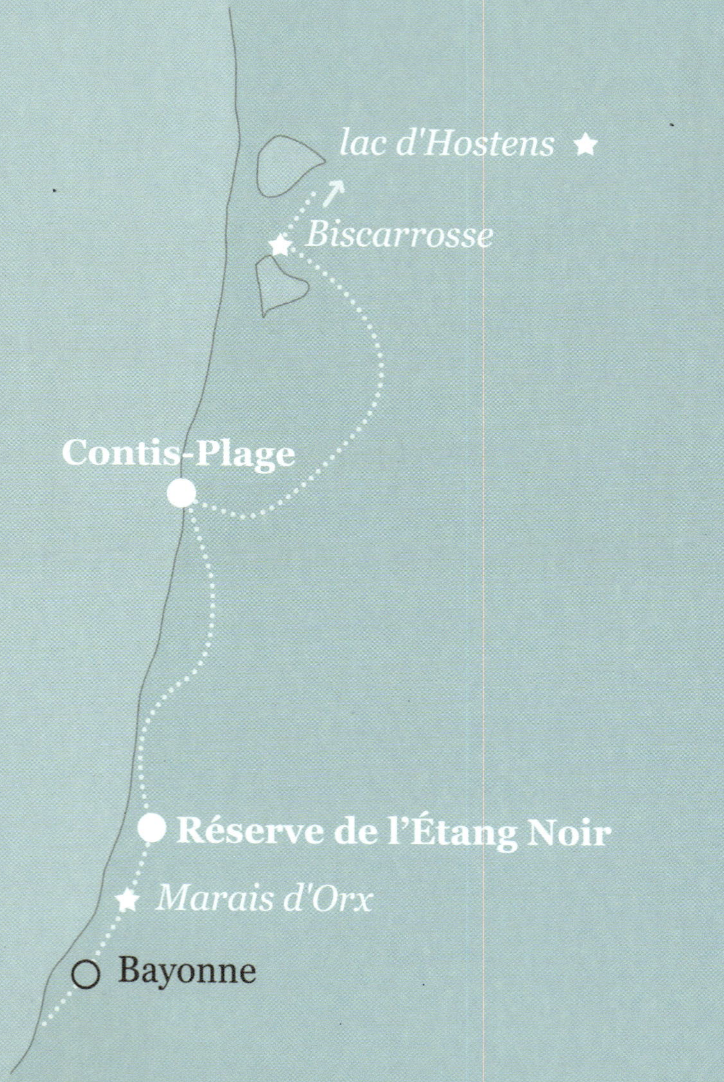
lac d'Hostens
Biscarrosse
Contis-Plage
Réserve de l'Étang Noir
Marais d'Orx
Bayonne
N
30 km

Les Landes

De Bayonne à Biscarrosse

150 km

Le Slow Village, Biscarosse

Camping Lous Seurrots, Saint-Julien-en-Born

Le pastis landais

RÉSERVE NATURELLE DE L'ÉTANG NOIR

De Seignosse aux plages bordant l'océan, la réserve naturelle de l'étang Noir est de toute beauté. Les abords de l'étang sont aménagés avec des passerelles permettant de se faufiler à pied dans la végétation. De nombreuses pistes en sable permettent également de s'enfoncer la réserve, de part et d'autre de la D89 ou de la D337. Pour ce qui est des plages, le courant et les puissantes vagues peuvent rendre la baignade périlleuse.

CONTIS-PLAGE

Cette station balnéaire, que l'on peut retrouver sur les cartes sous le nom de Contis-les-Bains, est le paradis des surfeurs et des kite-surfeurs. Magasins pour acheter du matériel de surf ou louer des planches, restaurants et campings aux alentours : nous y avons passé quelques jours pour nous initier à cette activité nautique avec des copains que nous avons rejoints sur place. L'océan, des pins, du sable, de belles vagues et une absence de rochers : l'endroit possède un charme indéniable.

Plage du Grand Crohot
Arès
Piraillan
l'Herbe
Arcachon
Dune du Pilat
N
100 km

Le bassin d'Arcachon

De la dune du Pilat à Lège-Cap-Ferret

133 km

A deux pas de la plage, Lège-Cap-Ferret : 44.7985, -1.22165

Camping aux couleurs du Ferret, Lège-Cap-Ferret

L'huître du bassin d'Arcachon

PIRAILLAN

Le littoral du bassin d'Arcachon est composé d'une pléthore de villages ostréicoles : la Teste de Buch, Andernos, Arès, le Canon, l'Herbe, etc. Nous avons eu un véritable coup de cœur pour Piraillan. Moins fréquenté que ses frères, le regroupement de cabanes colorées en bois de ce village, dont certaines sont sur pilotis, est une véritable perle du Cap Ferret. De nombreuses dégustations d'huîtres vous seront proposées au fil de vos déambulations.

PLAGE DU GRAND CROHOT

Non seulement la plage est superbe, mais en plus vous pourrez en profiter en restant dormir deux nuits (max.) sur l'un des parkings gratuits sous les pins. Les places ne sont pas délimitées et l'endroit ressemble plus à un bout de forêt qu'à un parking. En plus d'être prisée par les amateurs de surf, cette longue bande côtière de sable blanc est idéale pour une baignade improvisée. Seule ombre au tableau : aucune douche publique n'y est installée. Nous y sommes restés une nuit, après avoir pris l'apéritif sur la plage.

DUNE DU PILAT

L'impressionnante dune du Pilat, la plus haute d'Europe, est une étape incontournable du bassin d'Arcachon, qui laissera un souvenir mémorable. D'abord dubitatifs, il a fallu se rendre sur place pour se rendre compte de cette exceptionnelle formation. Ici, trois couleurs sont dominantes : le vert luxuriant de la forêt, le beige pâle du sable et le bleu profond de l'océan. Une fois en haut de cette dune monumentale, le dépaysement est total. Cet endroit étant l'un des sites naturels les plus touristiques de France, nous vous conseillons de vous y rendre en semaine, hors saison et tôt le matin.

Phare de Cordouan
Château de Clarisse
Bordeaux
Saint-Émilion
Monbazillac
Cadillac
N
30 km

La route des vins

De Bordeaux à Monbazillac

105 km

Le Port, Génissac : 44.8736, -0.244928

Camping à la ferme du domaine de Cavaroque, Monbazillac

Vin blanc liquoreux Monbazillac

Dormir dans le jardin d'un vigneron

SAINT-ÉMILION

Ancienne cité médiévale en plein cœur du pays Libournais, Saint-Émilion est un incontournable pour les amateurs de grand cru. Le village est classé au Patrimoine Mondial de l'Humanité, comme étant, selon l'Unesco : « L'exemple remarquable d'un paysage viticole historique qui a survécu intact ». La place principale est une petite merveille d'architecture et d'histoire. Une promenade jusqu'à la tour du château du Roy vous offrira une vue à couper le souffle sur les toits ocre de la cité.

MONBAZILLAC

Mondialement célèbre pour ses vignobles alentours auxquels il a donné son appellation, Monbazillac est un charmant village et une étape nécessaire de la route des vins. Avant de passer la nuit chez un vigneron pour déguster sa cuvée 2018, nous avons fait un petit crochet par le château de Monbazillac, aujourd'hui transformé en musée.

WESTFALIA
BQ-668-TA

MONBAZILLAC

COUP DE COEUR

de Camille

Nous arrivons tranquillement sur les terres de Dordogne tout en conduisant en direction de Monbazillac, au sud de Bergerac. Nous n'avons parcouru qu'une soixantaine de kilomètres depuis Saint-Émilion, mais la chaleur écrasante de cette fin de juillet nous incite à nous arrêter quelques heures sous les feuillus du parking du château de Monbazillac.

L'endroit, devenu un musée et visité par des touristes de toutes nationalités, est propice à la réflexion. De quelle façon préférons-nous découvrir ce terroir particulièrement riche ? A travers un musée, ou plutôt en allant à la rencontre de ses habitants ?

Nous décidons de profiter de notre passage dans cette région viticole du Périgord Pourpre, pour passer la nuit dans un vignoble. Nous trouvons notre bonheur au domaine de Cavaroque, membre du réseau "Bienvenue à la ferme".

La propriétaire, vigneronne indépendante, nous accueille chaleureusement en nous proposant une visite guidée de leur cave suivie d'une dégustation de leurs cuvées AOC Monbazillac de 2014 et 2016. Après un échange fort intéressant, nous achetons une bouteille bien fraîche que nous ouvrirons pour l'apéro.

Garés à l'arrière du domaine, entourés par seize hectares de vignes et d'arbres fruitiers, nous serons les seuls à profiter de ce petit havre de paix pour la nuit.

J'ai adoré cette première expérience de camping à la ferme. Cela amène un côté plus humain à notre road-trip, tout en nous sensibilisant au travail et au quotidien de petits producteurs français.

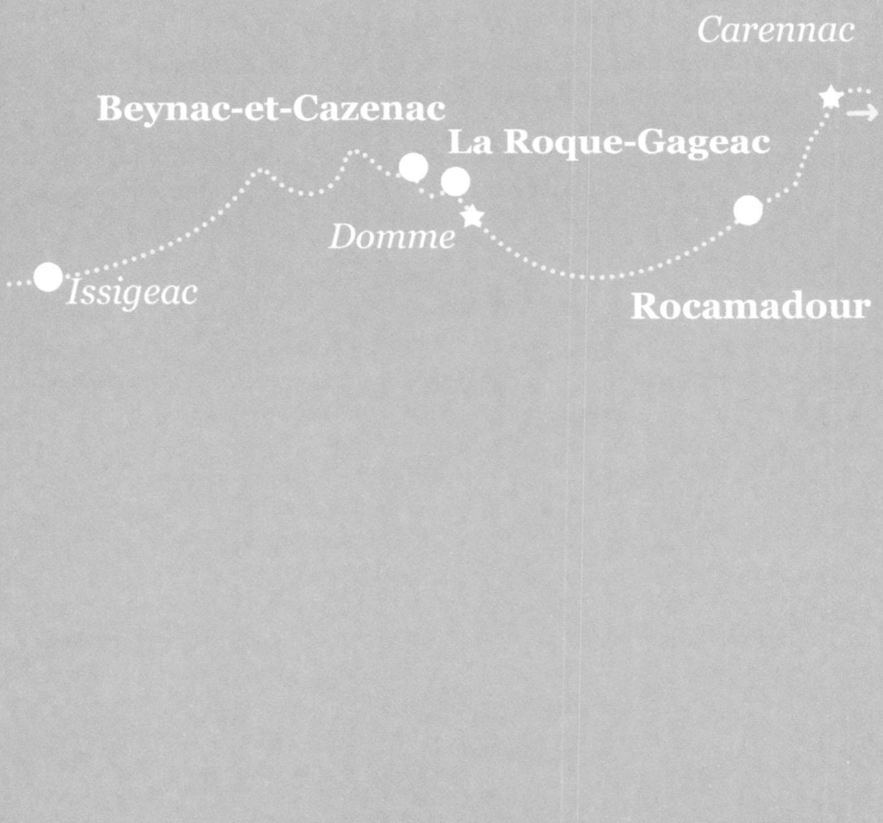
Carennac
Beynac-et-Cazenac
La Roque-Gageac
Domme
Issigeac
Rocamadour
N
25 km

Au fil de la Dordogne

D'Issigeac à Carennac

105 km

Lac de Tolerne, Sénaillac-Latronquière : 44.8237, 2.05514

Castelwood, Biron

Les Esclargies, Rocamadour

Camping à la ferme du Port d'Enveaux, Saint-Vincent-de-Cosse

La truffe du Périgord

Découvrir Rocamadour aux aurores

BEYNAC-ET-CAZENAC

Beynac-et-Cazenac, avec son château du XIIe siècle surplombant la Dordogne et son ancienne baronnie du Périgord, est l'un des plus beaux villages de France selon l'association éponyme. La départementale D703 passe dans le village, au pied de l'impressionnante colline rocailleuse. Les nombreuses boutiques médiévales du village accueillent chaque année des dizaines de milliers de touristes venus des quatre coins du monde. Après être montés jusqu'au château, laissez-vous tenter par un tour en gabarre : vous aurez suffisamment de recul sur l'édifice pour l'admirer dans toute sa splendeur.

LA ROQUE-GAGEAC

À seulement cinq kilomètres de Beynac, la Dordogne nous livre un nouveau joyau : le village de la Roque-Gageac. Les pierres en calcaires qui composent la falaise emmagasinent la chaleur du soleil et créent ainsi un microclimat favorable à la pousse de plantes exotiques. Le jardin botanique de la Bambousaie en est un bon exemple. À proximité, les jardins de Marqueyssac valent le coup d'oeil, et surtout, offrent un panorama exceptionnel sur la Dordogne et La Roque-Gageac.

ROCAMADOUR

COUP DE COEUR
de Pierre

Réveil aux premières lueurs du jour. Il est six heures du matin. Les rayons du soleil ont pris l'habitude d'entrer par effraction dans l'habitacle de notre véhicule. Georges en est ravi : il est impatient de se remettre en route et de faire gronder à nouveau son moteur.

Enthousiaste à l'idée de commencer cette nouvelle journée qui s'annonce riche en bonnes surprises, je saute du lit et m'habille en vitesse avant de bondir hors du van. Aucun nuage à l'horizon : la journée semble parfaite pour un départ matinal. Je m'empresse de réveiller Camille.

La route a tenu ses promesses. La Dordogne et les champs que nous traversons sont couverts d'une mince pellicule de brume pâle et translucide. L'horizon apparaît flou, comme si le paysage lui-même avait encore du mal à s'extirper de son sommeil. Après une bonne heure de conduite, nous longeons la face sud de Rocamadour par la départementale D32. La vue est imprenable et offre un panorama dégagé sur la vieille cité médiévale, accrochée à même la falaise et baignée de la douce lumière du soleil.

Habituellement pris d'assaut par les hordes de touristes, et à notre plus grand bonheur, le village vient tout juste de se réveiller. Dans son artère principale, seule une poignée de commerçants s'activent à ouvrir la devanture de leur boutique.

Nous prenons un petit déjeuner-express, composé de viennoiseries et d'un thé, assis au soleil. Les hirondelles entrent et sortent de leurs nichoirs improvisés dans le mur du sanctuaire, se livrant ainsi à un ballet aussi étrange qu'élégant. Leur ombre projetée sur la surface de la roche par un soleil déjà haut dans le ciel, semble donner vie à la fortification.

Il fait chaud. Les 216 marches blanches de calcaire du Grand Escalier, emprisonnant des milliers de bélemnites fossilisées, sont déjà tièdes. Une odeur de graphite accompagne la montée. En haut, pratiquement seuls à marteler les pavés du sanctuaire, nous continuons à nous immerger de l'ambiance mystique dégagée par ce haut lieu historique. En direction du Chemin de Croix, et à l'ombre de ses arbres, les chants religieux des moines résonnent dans la vallée de la Dordogne.

SURFTRIP ENTRE VENDÉE ET CHARENTE-MARITIME

— 137 km —

Il n'y a pas que la Bretagne et les Landes qui attirent les surfeurs amateurs de belles vagues. De la Vendée à la Charente-Maritime, on trouve aussi de jolis spots pour les riders plus ou moins confirmés. Nous avons répertorié cinq spots incontournables pour un road-trip où Vanlife rime avec surf.

La Sauzaie
Ce spot vendéen, aux portes de Brétignolles-sur-Mer est bien connu des surfeurs expérimentés. On y surfe de septembre à mai !

Les Sables-d'Olonne
À la marée montante (de préférence), direction la plage de Tanchet au sud de la baie des Sables-d'Olonne pour ce premier spot qui a accueilli une étape de la coupe de France de surf en 2018.

Jard-sur-Mer
La plage de Mine, entourée de dunes, révèle de belles vagues à marée basse : idéal pour les surfeurs débutants et intermédiaires.

Longeville-sur-Mer
Le spot de Bud Bud fait lui aussi la réputation du surf vendéen, on dit même qu'il n'a rien à envier aux *beach breaks* landais. On y retrouve tous les ans le Bud Bud Contest qui fêtera en 2020 sa 21e édition.

Sainte-Marie-de-Ré
On passe désormais dans le département de la Charente-Maritime pour faire un saut sur la belle île de Ré. Un spot idéal pour les débutants ? La plage des Grenettes avec ses vagues douces et basses.

Après une matinée dans l'eau, pourquoi ne pas enjamber un vélo et partir découvrir les petits villages caractéristiques de l'île ? Comme par exemple Ars-en-Ré avec son clocher si photogénique. On peut aussi passer l'après-midi à Saint-Martin-de-Ré à déambuler de boutique en boutique, un cornet de glace de la Martinière au bout des lèvres. Avant de repartir sur le continent, on n'oublie pas de grimper tout en haut du phare des Baleines (257 marches pour les plus courageux) !

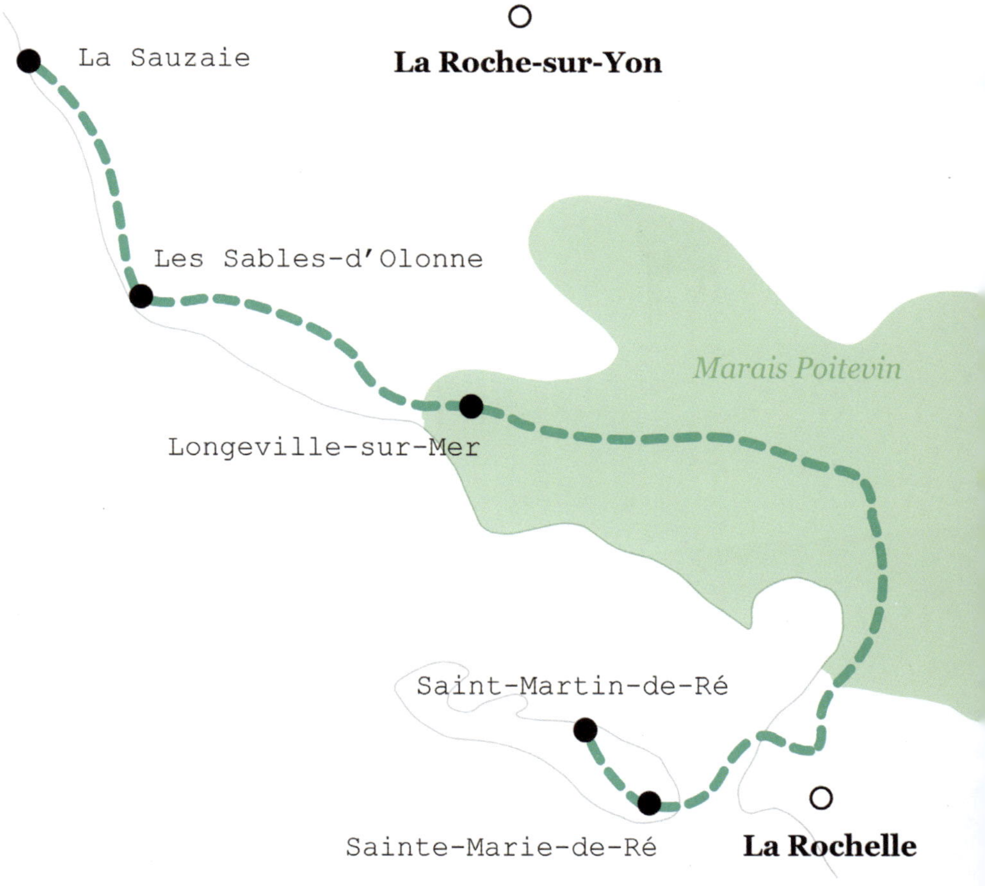
La Sauzaie
La Roche-sur-Yon
Les Sables-d'Olonne
Marais Poitevin
Longeville-sur-Mer
Saint-Martin-de-Ré
Sainte-Marie-de-Ré
La Rochelle

3 JOURS SUR LA CÔTE OUEST
AVEC BLACKSHEEP VAN

Léa et Matthieu nous racontent leur escapade iodée de la Vendée à l'estuaire de la Gironde en van aménagé Blacksheep. Une idée d'itinéraire parfaite pour un départ d'une agence de location de Nantes, Bordeaux ou même Toulouse.

Fondé en 2011 par Edouard et Sylvain, deux amis de longue date, passionnés de sports outdoor et de montagne, Blacksheep n'a qu'une envie profonde : proposer des vacances insolites et itinérantes, pour être au plus proche de la nature et en totale autonomie. Avec 25 agences en France, Blacksheep est aujourd'hui un acteur majeur de la location de van aménagé. En proposant une gamme variée de véhicules qui répondent à différents budgets, Blacksheep souhaite proposer au plus grand nombre une occasion de savourer l'aventure et surtout la liberté ! Retrouvez-les sur www.blacksheep-van.com.

JOUR 1

On commence le week-end par une virée sur le port des Minimes de La Rochelle. Puis direction l'île de Ré : un endroit entre vignes et océan, qui permet de profiter d'une nature préservée. Dans ce cadre exceptionnel à l'abri de la pollution lumineuse, on s'endort après avoir compté des millions d'étoiles !

JOUR 2

On continue à longer la côte jusqu'à Saint-Palais-sur-Mer, où l'on emprunte le sentier des douaniers et longe la côte pour respirer les embruns de l'Atlantique ! On fait une pause baignade sur la plage, avant de partir rejoindre notre spot du soir : face à l'estuaire majestueux de la Gironde où le soleil se couche sur les carrelets, ces cabanes de pêcheurs typiques de la région.

JOUR 3

Pour ce dernier jour de périple, on prend la direction de Blaye où l'on charge le van sur le bac pour traverser le fleuve, qui prend des airs de bayou et de Mississippi ! Une fois arrivés en face, on roule toutes fenêtres ouvertes jusqu'à Lacanau Océan pour un dernier plongeon dans les remous de l'Atlantique. On se réveille au son des vagues, avec vue sur les surfeurs qui attendent les premières vagues de la journée.

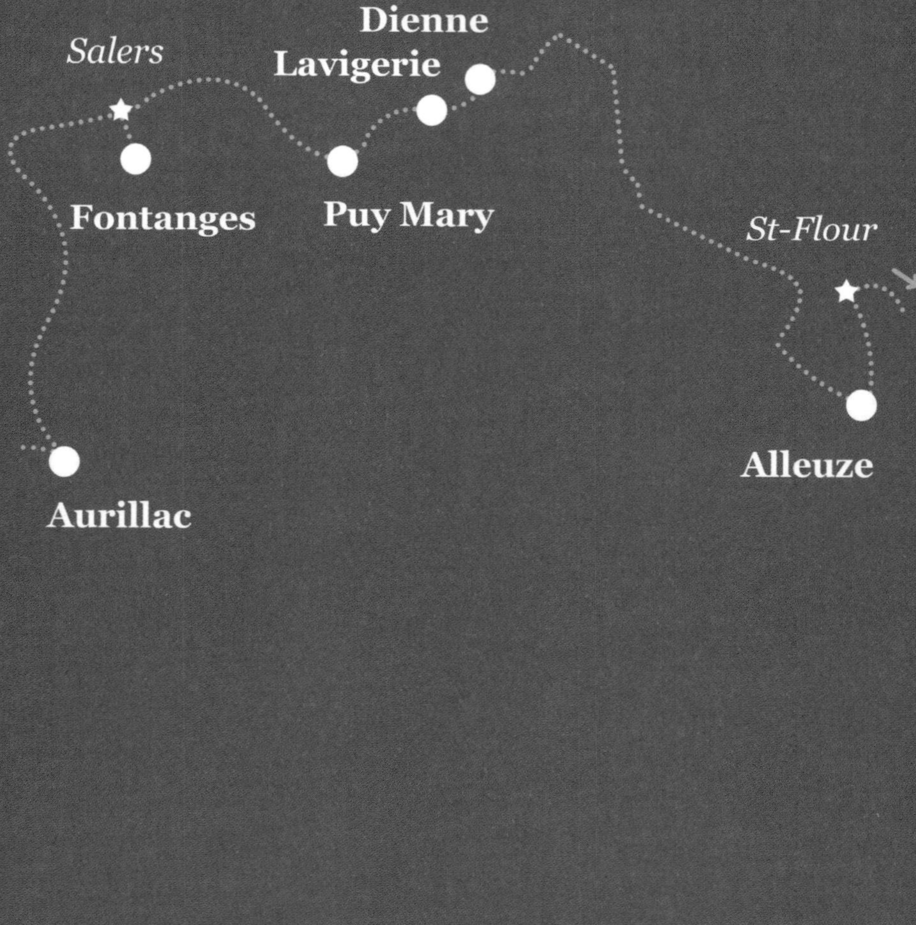
Dienne
Salers
Lavigerie
Fontanges
Puy Mary
St-Flour
Aurillac
Alleuze
N
15 km

Le Cantal

D'Aurillac à Saint-Flour

166 km

Lac de Genévrières, Crandelles : 44.9589, 2.34159

Lavigerie, Puy Mary : 45.1301, 2.70264

Camping de la Pierre Plate, Fontanges

Le fromage Cantal

Un instant d'absolu

Le GR 400 au puy Mary

FONTANGES

Le village de Fontanges abrite une chapelle monolithe creusée dans un monticule rocheux. Un petit escalier accède au sommet du rocher juché d'une statue de la Vierge ouvrant ses bras en direction des cimes. Bien au calme et peu cher, le camping municipal de la Pierre Plate a été notre point de chute pendant toute une semaine.

PUY MARY

La route panoramique D680 qui rejoint Salers au puy Mary offre un point de vue dégagé sur les monts du Cantal. Mais nous nous souviendrons toujours de cette ascension stressante du puy Mary qui a fait surchauffer le vieux moteur de George. En haut, la vue est exceptionnelle. Un chalet restaurant est même installé là depuis 1967, pour profiter de l'air et de la beauté de la montagne.

JOKER

LAVIGERIE & DIENNE

Le Cantal, dont le massif volcanique est le plus vaste d'Europe, est une terre riche en paysages spectaculaires desquels se dégage une atmosphère particulière de bout du monde et de contrées sauvages méconnues. Petits sanctuaires de calme au pied de ces mastodontes naturels, Lavigerie et Dienne sont deux villages où s'arrêter sur la route de Murat ou de Saint-Flour.

GORGES DE LA TRUYÈRE

Les gorges de la Truyère, à cheval entre le Cantal et la Lozère, creusent la ligne d'horizon. Nous découvrons le site à partir du village de Neuchâtel. La route débouche sur un magnifique spot pour bivouaquer avec vue sur les gorges. Vous verrez un chemin qui descend jusqu'à une zone de baignade. Ses rives ne sont habitées que par une dense forêt de pins vert sombre dont les formes se reflètent sur l'étendue silencieuse.

LE PUY MARY

Sentier | GR 400
Durée | 3 h
Dénivelé | 400 m

Cela fait une semaine que nous sommes arrivés dans le Cantal. Le soleil s'élève à peine au-dessus de l'horizon, que déjà nous tournons la clé de contact, impatients de rejoindre le Puy Mary, point culminant des monts du Cantal.

À mesure que nous roulons sur la route départementale D680 et que le dénivelé ne cesse de croître, un doute nous gagne soudain : Georges sera-t-il capable de rejoindre le parking de départ de randonnée ? Seconde après seconde, nos yeux dérivent compulsivement sur les voyants de température du moteur et du niveau d'huile. Dix minutes plus tard, nous arrivons enfin au puy Mary. Georges a pris un bon coup de chaud et nous aussi...

Heureusement, le panorama qui nous attend à l'arrivée au pas de Peyrol est au-delà de nos espérances. La silhouette pyramidale du puy Mary est reconnaissable entre toutes.

Un raide escalier bordé de fleurs sauvages nous guide jusqu'à la table d'orientation au sommet du massif. Nous sommes désormais à 1783 m au-dessus du niveau de la mer, entourés par le puy Griou et le plomb du Cantal.

La randonnée suit le GR 400 sur les crêtes du Grand Volcan. L'étroit chemin rocailleux qui sillonne entre les monts, nous offre une vue à couper le souffle. J'essaye de faire attention à chacun de mes pas, surtout au passage complexe de la brèche de Roland, mais l'envie de ne contempler que ces paysages, tantôt éclairés de rayons perçant furtivement d'entre les nuages, est trop tentante. Nous continuons jusqu'au col sur la crête des Fours avant de redescendre par l'Impradine, ce sentier longeant les parois rocheuses qui nous ramène vers le pas de Peyrol.

Il n'y a pas à dire, marcher sur ces crêtes nous procure un bien fou. Cette terre brute, cette force-mère me nourrit d'une nouvelle énergie. C'est comme un rituel essentiel qui me permet de recharger profondément mes batteries.

UN INSTANT D'ABSOLU

COUP DE COEUR
de Camille

Peut-être n'aurions nous jamais découvert ce petit écrin sauvage, niché entre le plateau du Cézallier et les monts du Cantal, si Laurence ne m'avait pas contactée après notre randonnée sur les crêtes du puy Mary. Nous acceptons avec joie cette invitation spontanée de découvrir l'écolodge Instants d'Absolu.

Après le hameau de la Boissonnière, nous prenons le petit embranchement qui se dirige vers le lac. On espère ne croiser personne, car la voie laisse peu de place pour deux véhicules. L'impression de rejoindre une adresse confidentielle, perdue au coeur d'une nature sauvage me gagne à mesure que l'on s'enfonce dans le bois de la Pinatelle. Et soudain, au détour d'un dernier virage, ce panorama qui me restera longtemps en mémoire se révèle enfin devant nos yeux. Nous marquons une pause pour profiter de cet instant suspendu. Ma gorge se serre et mon coeur s'emballe, j'ai un véritable coup de coeur pour ce lieu.

Laurence et Daniel nous accueillent chaleureusement à l'intérieur de leur écolodge tout en nous racontant l'histoire du site et de sa réhabilitation. Sur la terrasse de l'écolodge, on observe les canards, les hérons, les grèbes huppés nichés sur le lac, qui neuf ans auparavant n'était qu'une zone déserte et asséchée, inhospitalière. Le projet de l'écolodge a évolué conjointement avec la nature qui l'entoure et a su redonner vie à cette faune sauvage qui, préservée, peut enfin reprendre ses droits.

Attention : Le camping sauvage et les nuits en van sont interdits dans cet espace naturel classé et extrêmement fragile. Les feux de forêts étant une réelle menace pour cet espace naturel sensible, les feux de camps et barbecue ne sont pas autorisés autour du lac du Pêcher.

Que ce soit pour une balade sauvage, une pause nature au bord du lac conjointement à un temps de massage, une nuit unique ou un dîner à l'écolodge : une échappée au lac du Pêcher est une expérience en soi. Elle restera pour moi la plus magique de notre tour de France.

LA ROUTE DES FROMAGES ET DES VOLCANS D'AUVERGNE

— 436 km —

Si vous aimez les bons fromages et les mystères des Volcans, vous êtes au bon endroit ! Voici une proposition d'itinéraire mêlant étapes de la route des fromages d'AOP d'Auvergne et étapes de la chaîne des Puys.

De Volvic au puy de Sancy

La route des fromages d'Auvergne n'a pas un point de départ ou d'arrivée défini. Néanmoins, on vous propose de vadrouiller sur les routes du Puy-de-Dôme entre Volvic et Besse-et-Saint-Anastaise. Vous profiterez en chemin d'un bel aperçu de la chaîne des Puys.

Vous pouvez commencer votre circuit à Volvic, suivre les petites routes entre Orcines et Orcival jusqu'au Mont-Dore. Contournez le puy de Sancy par Chastreix, puis remontez vers Saint-Nectaire en passant par Besse.

Nos coups de coeur Nature au plus près des volcans

La chaîne des Puys est en ensemble d'environ 80 volcans avec sept dômes principaux, sur une distance de 35 km.

Le puy de Pariou

Le puy Pariou est l'un des puys les plus emblématiques de la chaîne. Peut-être grâce aux bouteilles d'eau Volvic dont il est l'emblème. C'est l'un des seuls volcans où vous pourrez vous balader jusqu'au centre du cratère.

Le puy de la Vache

Le puy de la Vache fait partie de l'un des complexes volcaniques les plus récents de la chaîne des Puys. Une petite randonnée fléchée permet d'accéder en quelques minutes à un très joli panorama sur tout le sud du département, jusqu'à entrevoir les sommets du puy de Sancy.

Le puy de Sancy

Le puy de Sancy est le plus haut sommet du Massif central. On peut d'ailleurs faire le tour des crêtes à pied en une journée. L'occasion de découvrir la grande cascade du Mont-Dore, le Capucin ou encore de grimper jusqu'à la table d'orientation à 1886 m d'altitude.

Des producteurs fermiers de Saint-Nectaire à ne pas manquer :

La ferme Randanne
Aurières

La ferme le Roc
Orcival

La ferme La Clef des Champs
Besse-et-Saint-Anastaise

La ferme des Lambres
Saint-Nectaire

Malbouzon
Laguiole
Nasbinals
Butte de Marchastel
Aubrac
Cascade du Déroc
Lac des Moines
N
5 km

L'Aubrac

De Malbouzon à Aubrac

90 km

Lac des Moines, Aubrac : 44.618935, 3.014534

La Colonie, Aubrac

L'Aligot

LA BUTTE DE MARCHASTEL

Avez-vous déjà mis les pieds en Aubrac ? L'Aubrac est en réalité à cheval sur trois départements : l'Aveyron, le Cantal et la Lozère. Depuis le début de notre road-trip, nous nous languissions d'arriver sur ces terres de basalte où s'étendent, à perte de vue, des plateaux d'altitude aux prairies dénudées. La butte de Marchastel est un spot dégagé qui surplombe ce caractéristique paysage dessiné par une tradition pastorale.

NASBINALS

Nasbinals, avec ses maisons de pierre de granit et de basalte est considérée comme la capitale du plateau. Découvrez la boutique de thé de l'Aubrac au coeur du village ainsi que l'exposition photo Phot'Aubrac qui expose chaque année photographes amateurs ou professionnels, amoureux du territoire. En sortant du village, bifurquez à droite après le pont pour emprunter la petite route à travers champs, qui relie Marchastel à Malbouzon.

AUBRAC

Sur le chemin de Compostelle, Aubrac a longtemps été une étape pour les pèlerins. Aujourd'hui, on peut s'arrêter au Jardin botanique aménagé au pied de la maison de l'Aubrac. Il inventorie plus de 650 plantes sauvages du massif de l'Aubrac. Si vous êtes sur place autour du 25 mai, ne manquez pas la fête de la transhumance et de l'estive qui vous fera rencontrer les plus belles vaches de race Aubrac.

LE LAC DES MOINES

À quelques kilomètres de Nasbinals, juste avant d'arriver à Aubrac, somnolent les eaux calmes du lac des Moines. Un buron en pierre et un arbre solitaire complètent merveilleusement bien ce tableau minimaliste. Nous y avons passé une nuit, bercés par les lumières changeantes qui caractérisent l'Aubrac.

LA CASCADE DU DÉROC

Un peu avant le lac de Salhiens, s'écoule la cascade du Déroc. Haute de 30 m, la chute d'eau peut être photographiée depuis le spot du sentier de randonnée ou depuis l'intérieur de la grotte qui s'est creusée à l'arrière de la cascade. Notre petit conseil : l'été, rendez-vous sur place de bonne heure, car la cascade est très fréquentée.

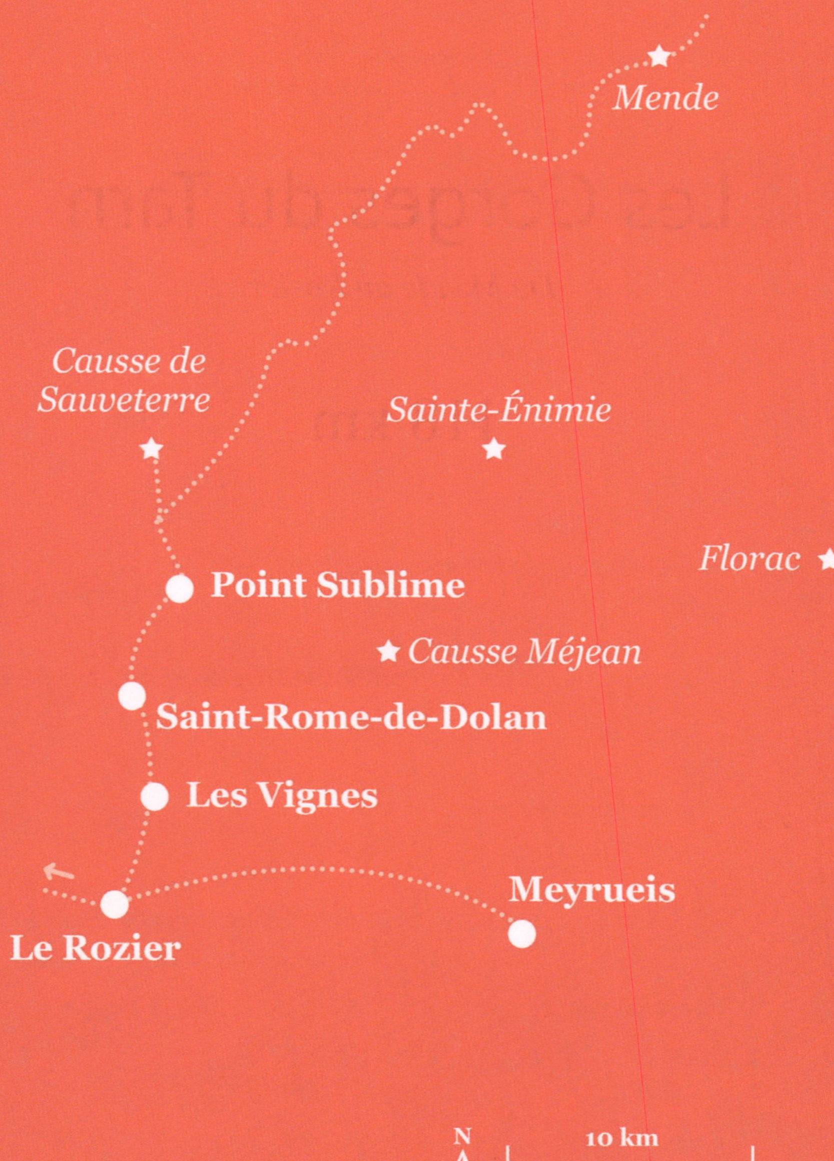
Mende
Causse de
Sauveterre
Sainte-Énimie
Florac
Point Sublime
Causse Méjean
Saint-Rome-de-Dolan
Les Vignes
Meyrueis
Le Rozier
N
10 km

Les Gorges du Tarn

De Mende au Rosier

118 km

Nivoliers, Causse Méjean : 44.255299, 3.45644

Camping municipal Aux Portes du Sauveterre, St-Rome-de-Dolan

Le miel des Cévennes

GRP du Tour du Causse Méjean (balisage Rouge et Jaune)

JOKER

SAINT-ROME-DE-DOLAN

Dominant les gorges, Saint-Rome-de-Dolan est le camp de base idéal pour observer les vautours qui tournoient dans les airs et se logent, à la nuit tombée, dans les cavités éparpillées de ces colosses de calcaire. Nous avons passé quelques nuits dans le camping municipal du village au bord des falaises avec vue sur les hauts plateaux du causse Méjean qui s'étend à l'horizon.

LE BELVÉDÈRE DU POINT SUBLIME

On dit que c'est le plus bel endroit des gorges du Tarn. Le meilleur point de vue pour contempler le tableau creusé par l'eau depuis des millions d'années, façonnant le paysage de grottes, avens et résurgences souterraines. Les gorges atteignent jusqu'à 500 m de haut. Le spectacle est vertigineux : de gauche à droite, on peut suivre des yeux le flot tortueux des eaux qui serpente au creux des gigantesques parois rocheuses.

LES VILLAGES DES GORGES DU TARN

Les gorges du Tarn ont ce petit parfum familier des vacances de notre enfance. Ce parfum particulier de roche calcaire cuisante, allié à la fraîcheur de l'eau pure et mouvante. Les gorges du Tarn, de la Jonte et les rives du Tarnon forment un environnement à part entière. Aux portes sud de la Lozère et du parc national des Cévennes, il fait bon s'aventurer de hameau en hameau. Saint-Chély-du-Tarn, Hauterives, Le Rozier - Peyreleau, Le Maynial, Sainte-Énimie, Florac et Meyrueis... Autant de villages à découvrir à pied ou au fil de l'eau depuis son canoë.

LE CAUSSE MÉJEAN

Sentier | GRP & Variations
Durée | 8 h
Dénivelé | 500 m

Sur le causse, le temps semble s'être arrêté, comme s'il avait oublié de passer à l'ère moderne. Les habitations aux murs de pierres avec toits de lauzes ponctuent le paysage qui alterne entre forêts ordonnées et steppes arides à l'herbe jaunie.

Je m'imagine déjà poser mes valises dans l'un de ces corps de ferme rénovés. À l'abri du monde, au contact de la nature sauvage, des animaux et des éléments. Un antre de ressourcement et de contemplation. L'agitation de la ville, l'animation artistique et culturelle, les rencontres, finiraient-elles par me manquer ? La beauté du paysage par me lasser ?

Les Causses de Lozère, au même titre que les hautes prairies de l'Aubrac ou du Larzac, diffusent cette magie des grands espaces, de terres oubliées. En marchant à l'unisson sur ces sentiers du bout du monde, je redécouvre le lien sacré qui m'unit à la nature. Il y a quelque chose de puissant dans cet environnement hostile et sublime. Une force naturelle qui nous pousse à continuer et à nous surpasser. À Nivoliers, nous bifurquons sur notre droite pour rejoindre la variante GR P à partir de Hures. Villaret est en ligne de mire. De jeunes chevaux de couleur beige, à la crinière dressée, se coursent entre les reliefs dénudés. Nous pénétrons sur les terres des chevaux de Przewalski. Depuis 1993, l'association Takh sauvegarde cette race singulière. Les chevaux sont élevés en semi-liberté sur ces plateaux pelés, avant d'être réintroduits dans les plateaux de Mongolie, leur terre d'origine.

À Drigas, nous croisons un troupeau de moutons, gardés par leur berger. S'agirait-il de Christian Avesque, le dernier berger du causse Méjean ? Peut-être.

Il garde tranquillement son troupeau et le guide au gré de pâturages. À sa manière, il nous rappelle que le monde moderne n'est pas tout. Sommes-nous devenus trop pressés et impatients ? Sur le causse, on s'imagine vivre au rythme des saisons, savourer le goût authentique de la simplicité et de la lenteur avec l'intime conviction qu'un autre lien à la nature est à réinventer.

Millau
Marché de Montredon
Gorges de la Dourbie
Cap de Costes-Brunas
Nant
Roquefort
Croix de Crepounac
Cique de Navacelles
La Couvertoirade
N
15 km

Le Larzac

De Millau à Navacelles

154 km

Aire de décollage de parapente de Brunas : 44.072102, 3.06394

Croix de Crepounac, Viala-du-Pas-de-Jaux : 43.9659, 3.0311

Eco-Camping du Larzac, Millau

Le fromage Roquefort

LE MARCHÉ DE MONTREDON

Inscrit au Patrimoine mondial de l'Unesco, le Larzac fait partie intégrante du territoire des Causses. Le Larzac est pour nous un pays de grands espaces sauvages et un territoire de luttes. Le marché paysan (et écolo) de Montredon, qui se tient chaque mercredi soir de l'été, est l'occasion de goûter aux produits du terroir, de découvrir les petits créateurs locaux. On s'y réunit volontiers pour un pique-nique convivial avec vue imprenable sur les alentours.

LA COUVERTOIRADE

Ce village classé parmi les plus beaux villages de France est un spot touristique pour tous ceux qui aiment se perdre dans les ruelles pavées d'un village médiéval, au gré des boutiques de créateurs, des restaurants de spécialités et des bâtiments historiques. Nous y avons passé un agréable après-midi, même si nous avons un peu regretté d'y croiser autant de monde, et ce, dès le distributeur de tickets du parking. À refaire, hors saison touristique.

WESTFALIA
BQ-668-TA

ROQUEFORT-SUR-SOULZON

Le causse du Larzac est réputé pour être le sanctuaire d'un agropastoralisme unique en Europe. Pas étonnant qu'on retrouve à Roquefort-sur-Soulzon les meilleurs fromages au lait de brebis du même nom. C'est sur un promontoire rocheux surplombant la ville, au pied de la croix de Crepounac, que nous avons élu domicile pour quelques nuits. Un spot sauvage qui nous a coupés du monde, pour notre plus grand plaisir, et une pause déconnexion nécessaire avant de se remettre en mouvement.

LE CIRQUE DE NAVACELLES

Au pied du Larzac, la rivière de la Vis a creusé au fil des millénaires un canyon profond de 300 m au panorama spectaculaire. Il fait bon flâner dans le village de Navacelles et se baigner dans les cascades de la Vis qui s'élèvent, pour certaines, à plus de 8 m de haut. Une petite oasis de verdure qui contraste avec l'aridité des versants des gorges.

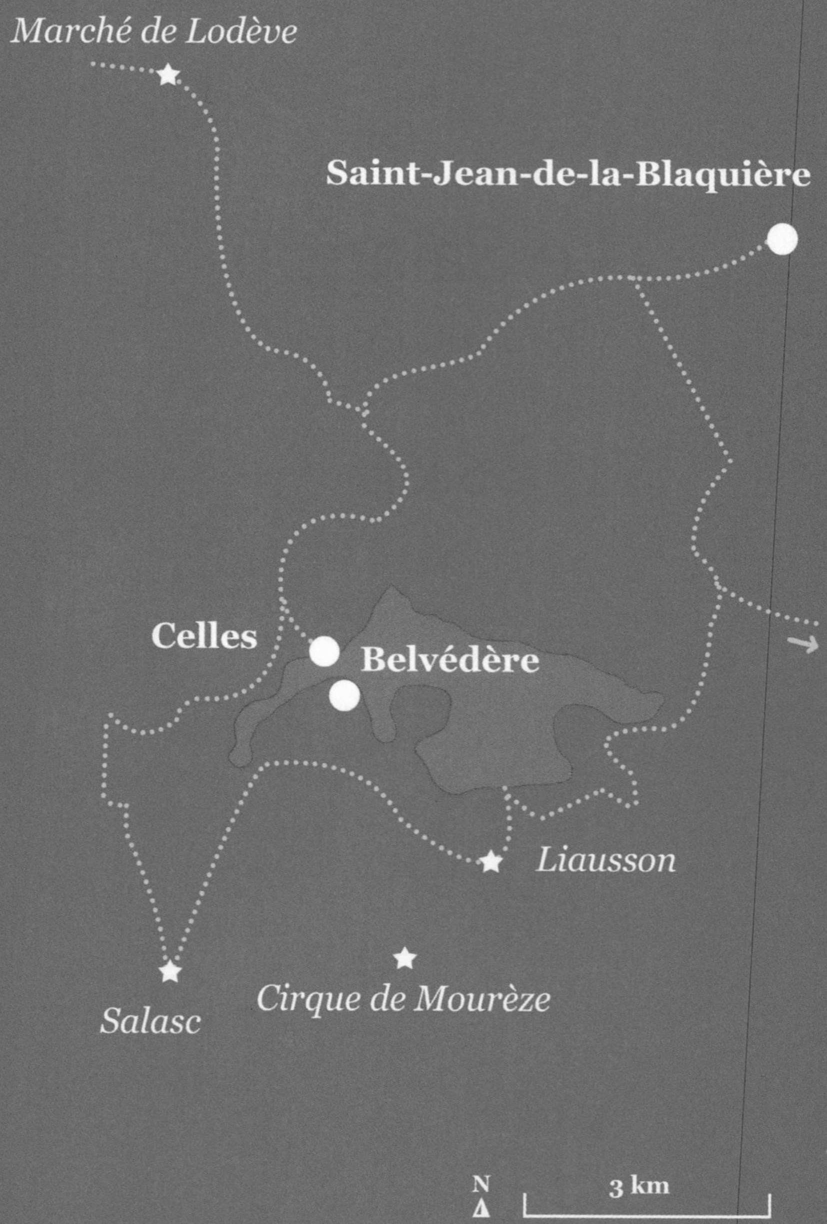
Marché de Lodève
Saint-Jean-de-la-Blaquière
Celles
Belvédère
Liausson
Salasc
Cirque de Mourèze
N
3 km

Le Salagou

De Lodève à Ceyras

56 km

Paysage lunaire, St-Jean-de-la-Blaquière : 43.699001, 3.44747

Sur les hauteurs de Lodève : 43.720402, 3.33158

Camping Les Arcades, Octon

La croustade Clermontaise

SAINT-JEAN-DE-LA-BLAQUIÈRE

Un lac d'un bleu profond entouré de collines rouges aux faux airs de paysages lunaires. Sommes-nous toujours en France ? Oui ! Nous sommes précisément au lac du Salagou. Grâce à l'application Park4Night nous dénichons un spot étonnant entouré de ruffes, ces roches rouges nées de la combinaison entre sédiments argileux et oxydes de fer. Entre les vignes, des buttes volcaniques forment les contours d'un canyon.

LE LAC DU SALAGOU

Ce bassin d'eau douce est parsemé de petites plages comme celle des Vailhés, qui est également une base nautique. Se baigner, se reposer, bronzer, lire, louer un canoë ou un paddle, se balader autour du lac, faire une randonnée sur les hauteurs, prendre un café sur la place centrale de Liausson, passer sur le barrage, déjeuner au bar de la Roquette ou dîner au restaurant du Mas de Riri : il y a de quoi s'occuper pendant plusieurs jours sans s'éloigner des rives du Salagou.

UNE VUE D'EXCEPTION SUR LE LAC

Ce point de vue est indiqué sous le nom de "la Sure" sur Google Maps. En fin de journée, lorsque les rayons du soleil se font bas et révèlent les belles teintes ocre, c'est le moment idéal pour découvrir ce panorama exceptionnel.

CELLES

La légende du village englouti est bien une légende. Mais la menace de submersion est restée pendant 30 ans. Une réhabilitation des bâtiments est en cours afin de redonner vie à Celles autour de projets écologiques, solidaires et durables. Il est vrai que ce village a quelque chose de particulier et d'atypique. Surtout quand, par une belle journée d'été, les scintillements dansants des eaux du lac se projettent sur l'architecture rustique et colorée des maisons.

LA ROUTE DES VILLAGES PERCHÉS
— 147 km —

Le Tarn et l'Aveyron regorgent de petites cités médiévales perchées sur des promontoires rocheux ou au-dessus de falaises.

Le village de Lautrec
Cet itinéraire débute à Lautrec, un des plus beaux villages de France, avec son moulin à vent encore en fonctionnement, sa collégiale et ses cultures de pastel. Saviez-vous que c'est cette plante aux tons jaunes qui permet d'obtenir le fameux pigment bleu pastel ? Pas étonnant que cette couleur soit si caractéristique de cette région.

Le village de Puycelsi
Ce village fortifié offre une des plus belles vues de la région. Il est classé parmi les plus beaux villages de France et comme un des Grands Sites d'Occitanie. Depuis le village, le sentier du patrimoine permet de découvrir les maisons à colombages et la belle forêt de Grésigne.

La forteresse de Penne
Au coeur des gorges de l'Aveyron, le château de Penne est perché à plus de 120 m au-dessus de la forêt de Grésigne. Il ne faut surtout pas manquer les animations médiévales estivales qui vous feront voyager au temps des chevaliers et des princesses.

La cité perchée de Cordes-sur-Ciel
Probablement l'une des plus jolies cités médiévales perchées en France, avec ses maisons gothiques et son ancienne bastide. Vous tomberez probablement deux fois sous son charme : d'abord en la découvrant fièrement perchée sur son éperon rocheux depuis une route alentour puis en vous baladant au hasard de ses jolies ruelles pavées.

Le village de Najac
Ce village médiéval perché sur une arête rocheuse, se présente avec une rue unique toute en longueur. Son château fort datant du XIIIe siècle a été classé monument historique. Une visite s'impose !

Une dernière étape à Villefranche-de-Rouergue

N'hésitez pas à vous perdre dans le dédale des rues étroites du village. Le jeudi et le samedi matin, les rues et les places se transforment au rythme des étals du marché. Une belle occasion de découvrir le patrimoine architectural de la ville entre deux dégustations des produits du terroir.

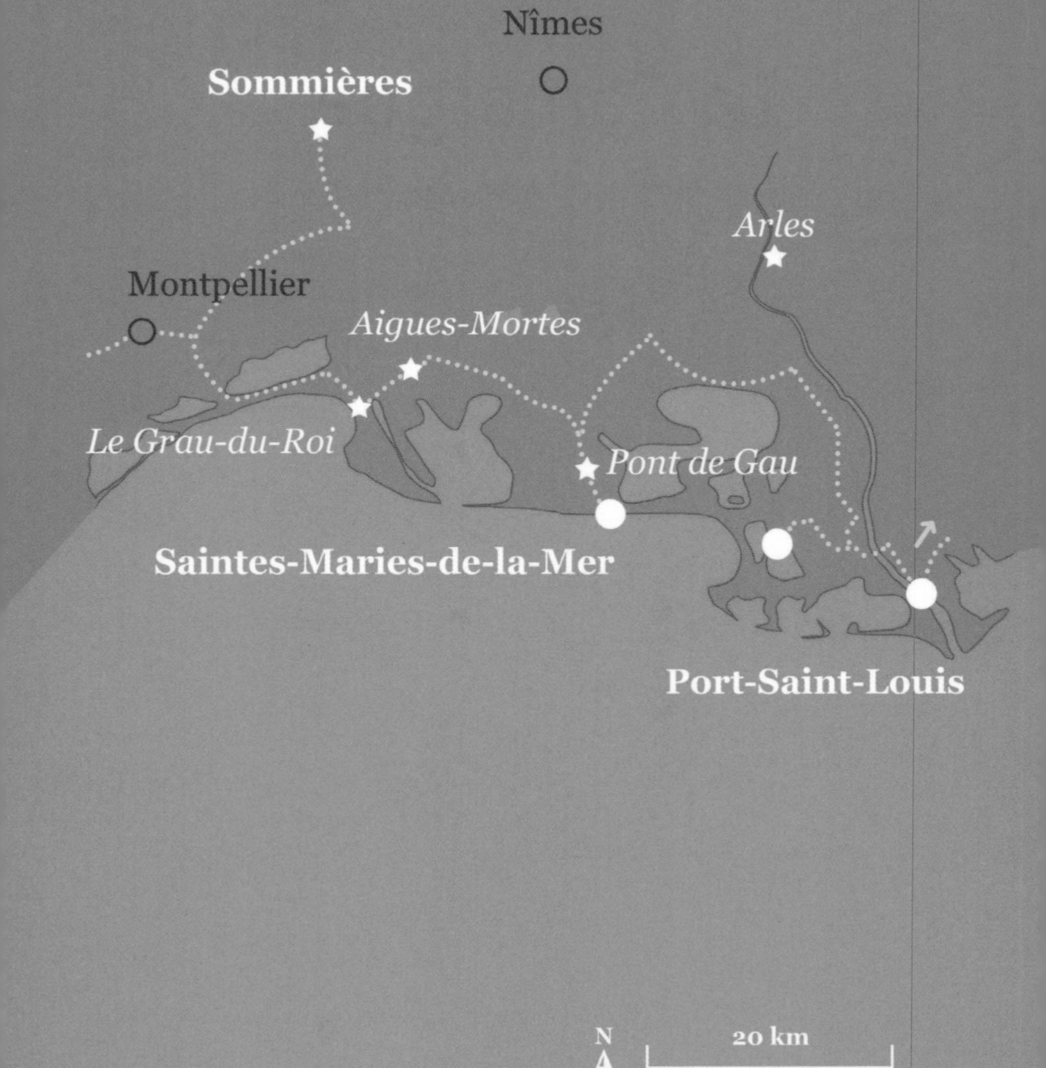
Nîmes
Sommières
Arles
Montpellier
Aigues-Mortes
Le Grau-du-Roi
Pont de Gau
Saintes-Maries-de-la-Mer
Port-Saint-Louis
N
20 km

La Camargue

De Montpellier à Port-Saint-Louis

155 km

Au milieu de nulle part : 43.446201, 4.61554

Le Mas de la Fouque, Saintes-Maries-de-la-Mer

La fougasse d'Aigues-Mortes

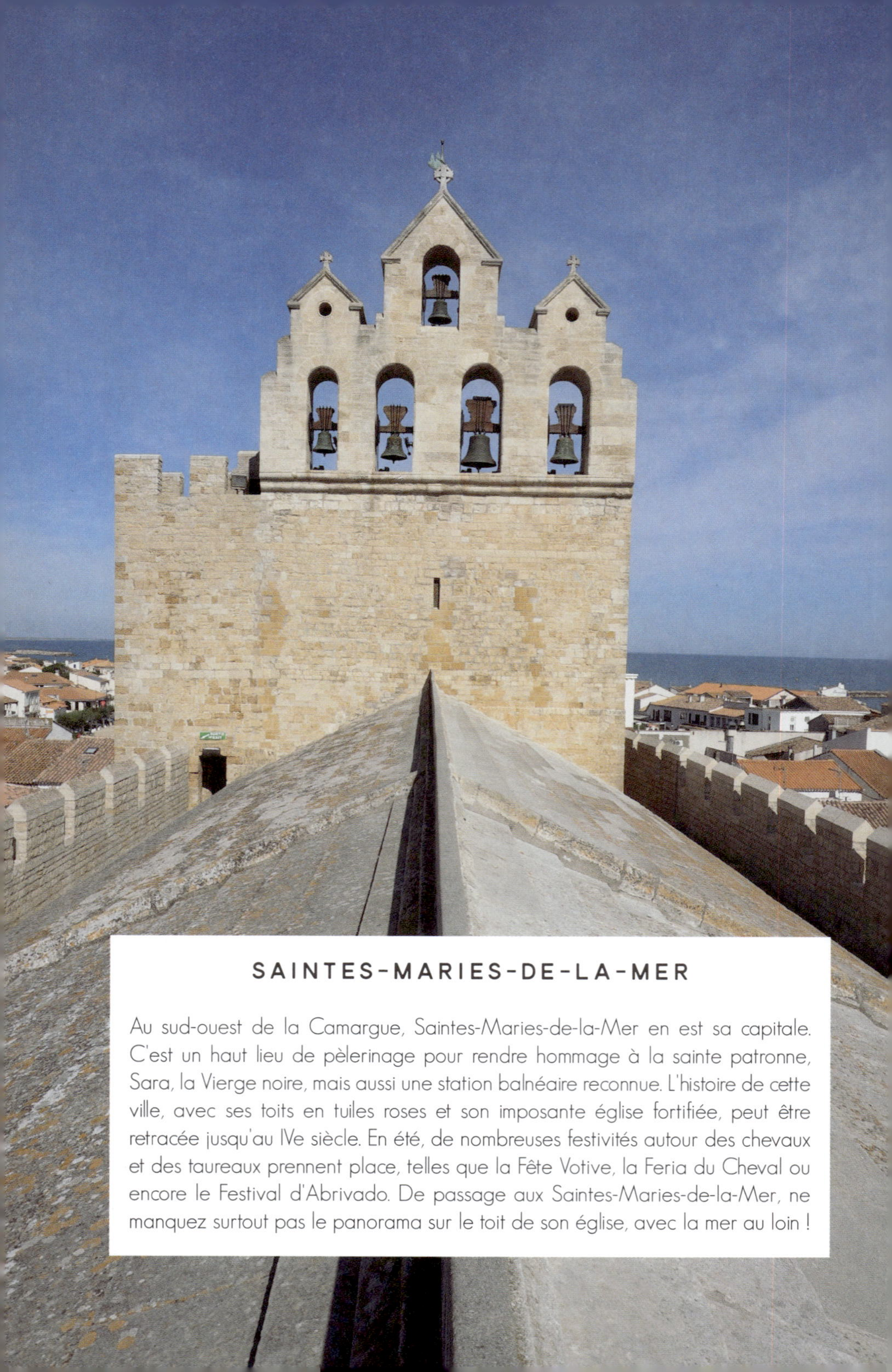

SAINTES-MARIES-DE-LA-MER

Au sud-ouest de la Camargue, Saintes-Maries-de-la-Mer en est sa capitale. C'est un haut lieu de pèlerinage pour rendre hommage à la sainte patronne, Sara, la Vierge noire, mais aussi une station balnéaire reconnue. L'histoire de cette ville, avec ses toits en tuiles roses et son imposante église fortifiée, peut être retracée jusqu'au IVe siècle. En été, de nombreuses festivités autour des chevaux et des taureaux prennent place, telles que la Fête Votive, la Feria du Cheval ou encore le Festival d'Abrivado. De passage aux Saintes-Maries-de-la-Mer, ne manquez surtout pas le panorama sur le toit de son église, avec la mer au loin !

OBSERVER DES FLAMANTS ROSES

Les flamants roses sont les grandes stars de la Camargue, même si on y dénombre pas moins de 400 autres espèces d'oiseaux. C'est le seul endroit de France où ils peuvent être aperçus. Migrateurs par nature, vous n'aurez néanmoins aucune difficulté pour en voir, peu importe la saison : ils vivent à l'année en Camargue. Pour en observer, rendez-vous à côté de l'étang du Fangassier (à condition de respecter leur habitat et de ne pas s'aventurer hors des sentiers), derrière la plage de Beauduc, ou encore au parc ornithologique du Pont de Gau aux Saintes-Marie-de-la-Mer.

AU MILIEU DE NULLE PART

Impossible d'aller en Camargue sans prendre, au moins une fois, une piste qui mène au milieu de nulle part. Entre l'étang du Galabert, l'étang du Fangassier et le clos Desclaux, ce spot devrait vous permettre d'observer des flamants roses si ce n'est pas déjà fait. Pour s'y rendre, le plus simple est de partir du mas de Saint-Bertrand. Une fois arrivés sur le parking, vous pourrez vous balader en restant sur les sentiers et observer la faune et la flore. Nous y avons passé la nuit.

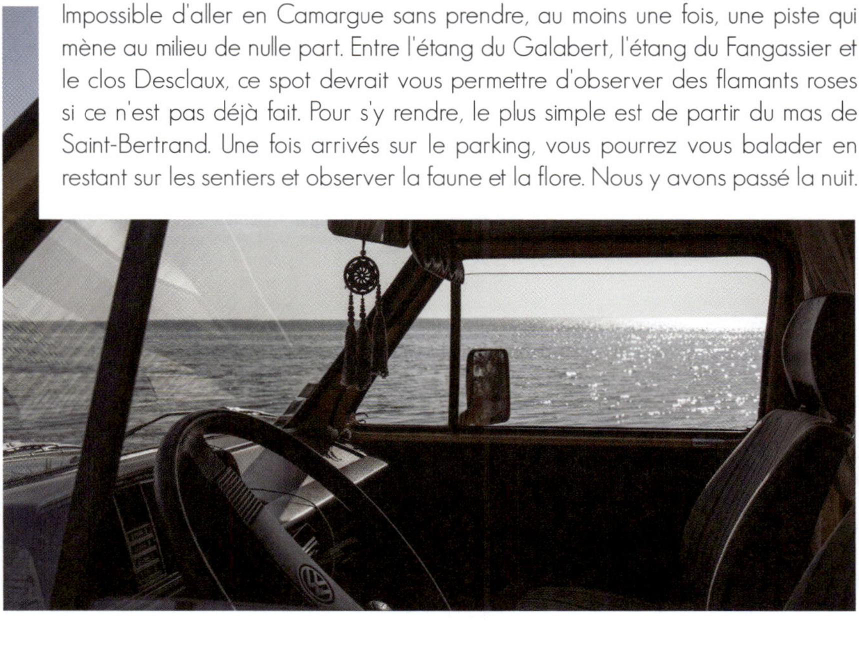

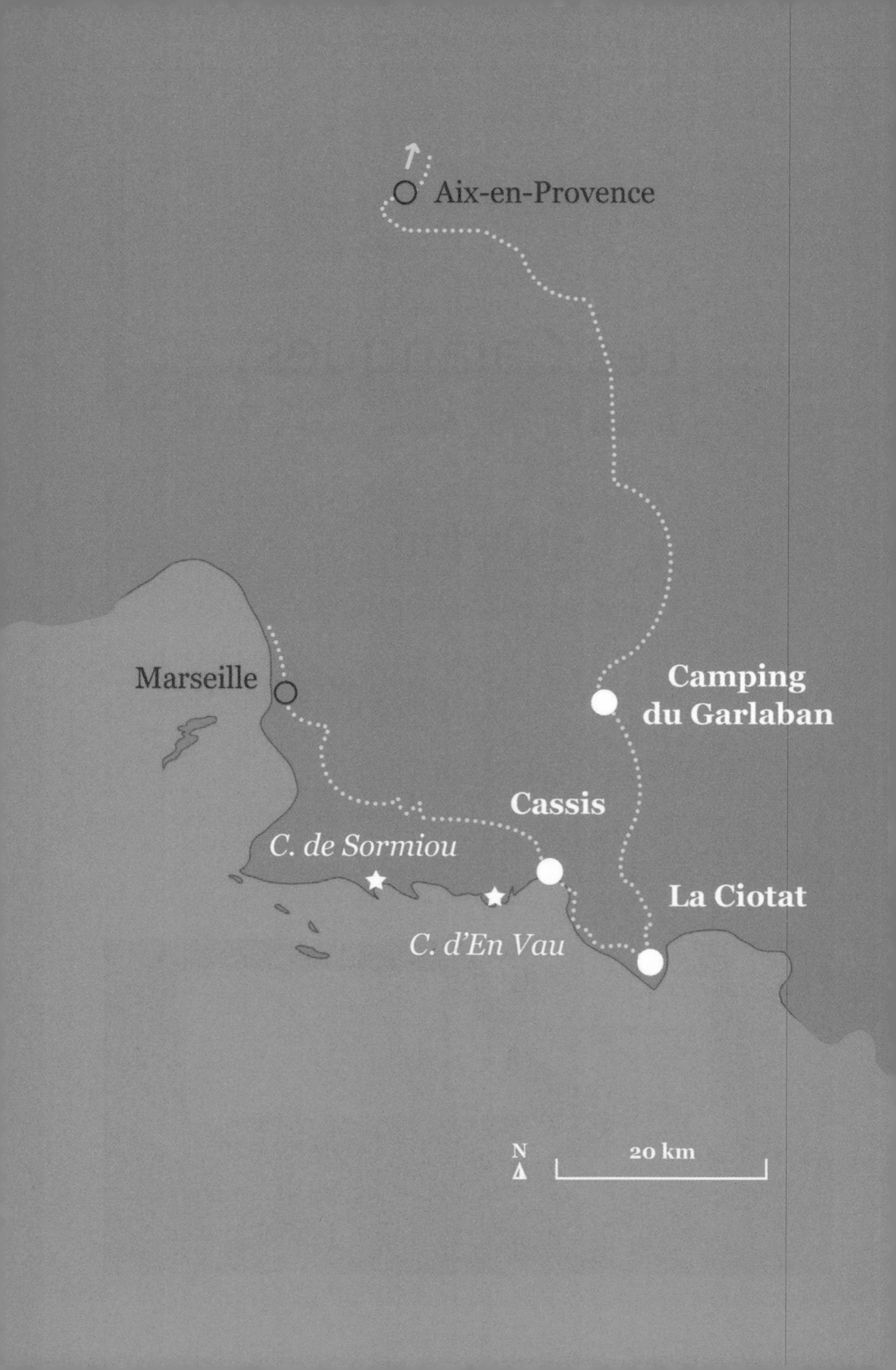
Aix-en-Provence
Marseille
Camping
du Garlaban
Cassis
C. de Sormiou
La Ciotat
C. d'En Vau
N
20 km

Les Calanques

De Marseille à Aix-en-Provence

106 km

Entre Aubagne et Cassis : 43.253738, 5.624138

Camping du Garlaban, Aubagne

Les panisses

O VRAC : *33 rue des 3 mages, Marseille*

LES CALANQUES

Impossible de se rendre dans le parc national des Calanques sans se baigner dans l'une de ces criques aux eaux turquoise entourées de rochers. Ces piscines naturelles sont prisées des locaux comme des touristes, si bien qu'il existe une règle d'or : plus la calanque est accessible, plus il risque d'y avoir du monde. Callelongue, Port Pin, En Vau, Sormiou et Morgiou comptent parmi les plus belles calanques de la région.

LE CAMPING DU GARLABAN

En plein cœur de la Provence méditerranéenne, voilà un site atypique qui profite à la fois de la proximité de la ville et d'un cadre totalement isolé. Le camping du Garlaban est situé au pied du massif du Garlaban, au cœur des paysages si chers à Marcel Pagnol. Relié en 20 minutes par TER à la gare Saint-Charles de Marseille, c'est le camping le plus proche du Vieux Port. Idéal pour se ressourcer quelques jours, à défaut de pouvoir camper dans les Calanques avec son van.

LA ROUTE DES CRÊTES

Vertigineuse. C'est l'adjectif qui collerait le mieux à cette incroyable portion de 15 km qui relie Cassis à La Ciotat. En T3 Volkswagen, la montée s'est faite en 1ère. Le moteur grondait comme jamais auparavant. La route est déconseillée aux camping-cars : un panneau indiquant un dénivelé de 20% peut suffire à en décourager plus d'un. Une fois sur les hauteurs du cap Canaille, profitez-en pour vous arrêter aux nombreux belvédères et points de vue sur Cassis et la Méditerranée bleu saphir.

JOKER

Saint-Rémy-de-Provence
Eygalière
Les Baux de Provence
Maussane-les-Alpilles
Tour des Opies
Aureille
Mouriès
Eyguières
N
6 km

Les Alpilles

De Mouriès à Eygalière

54 km

Dans la garrigue, vers Eygalières : 43.757555, 4.924106

Camping à la ferme des Amandaies, Mouriès

La tapenade aux olives noires

Autrement Vrac : *49 rue de l'Horloge, Salon de Provence*

SAINT-RÉMY-DE-PROVENCE

Saint-Rémy-de-Provence est une ville où il fait bon se promener, à l'abri du soleil dans ses étroites ruelles. Marchés de producteurs locaux et petites épiceries fines aux spécialités locales, ajoutent aux pierre fraîches de calcaire, une ambiance chaleureuse et vivante : presque dix mille habitants y vivent à l'année. C'est la petite capitale des Alpilles. De nombreuses manifestations culturelles ont lieu chaque année telles que la Fête du Vin et de l'Artisanat d'Art, la Transhumance, la Feria et le Carnaval de Saint-Rémy-de-Provence.

EYGALIÈRES

À dix kilomètres de Saint-Rémy-de-Provence, le petit village d'Eygalières a de quoi plaire : un piton rocheux sur lequel trône une statue de la Vierge, des champs d'oliviers à perte de vue, des bâtisses traditionnelles en calcaire et une odeur de lavande qui embaume les ruelles. Les producteurs viticoles et oléicoles sont nombreux dans la région et avec, l'occasion de dormir sur leurs exploitations. De passage à Eygalières, faites une halte à la chapelle Saint-Sixte, perdue au milieu de la garrigue des Alpilles : l'endroit est propice à la méditation et à la contemplation.

BALADE DANS LES OLIVERAIES

L'olivier est un des symboles de la Provence. Particulièrement adapté au climat des Alpilles, cet arbuste a été massivement planté ces cinquante dernières années. De nombreuses oliveraies sont situées dans la plaine des Baux-de-Provence et d'Eygalières. Au nord d'Aureille, quelques balades commencent au parking du spot d'escalade de la falaise des Civadières, sur la D25A. Pour les plus courageux, le sommet des Alpilles, la tour des Opies, peut être atteint au départ d'Aureille et vous fera passer par de nombreuses plantations d'oliviers.

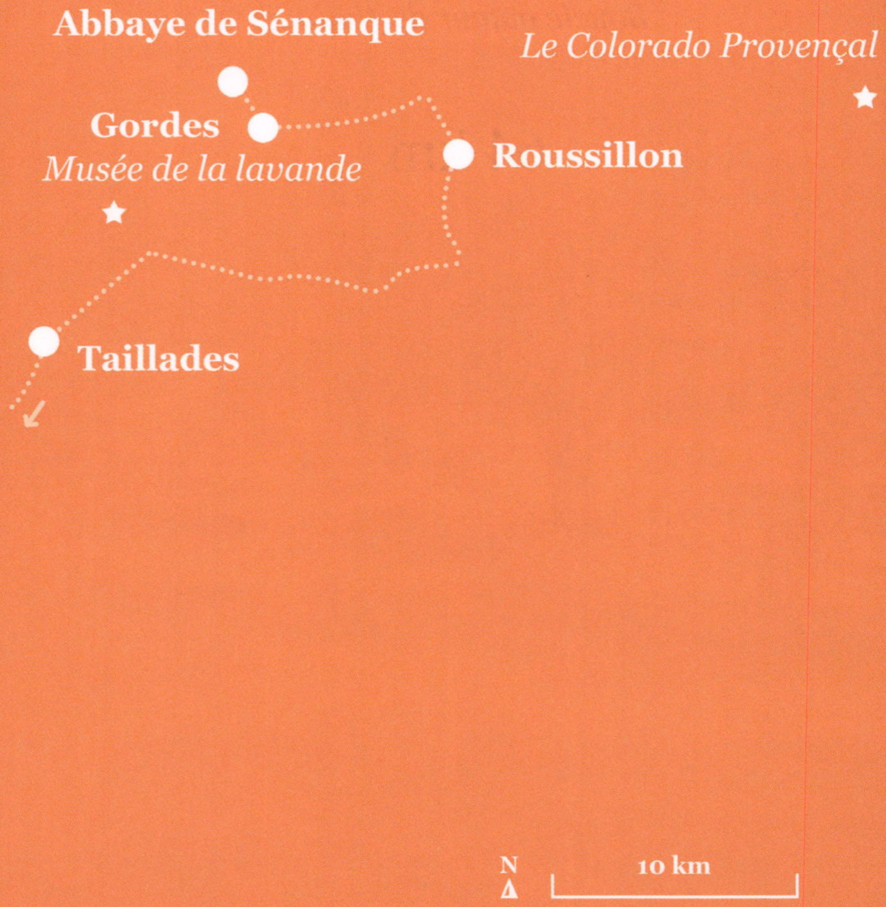
Abbaye de Sénanque
Le Colorado Provençal
Gordes
Musée de la lavande
Roussillon
Taillades
N
10 km

Le Luberon

Boucle autour de Taillades

64 km

Taillades : 43.834, 5.09203

Le sorbet à la lavande

Le Sentier des Ocres

ABBAYE DE SÉNANQUE

Parfait exemple de l'architecture cistercienne du XIIe siècle, l'Abbaye Notre-Dame de Sénanque est aussi élégante que mystérieuse. Entourée de champs de lavande dont la floraison s'étale de mi-juin à début août, le violet énergisant des plantes contraste avec les tons grisonnants du calcaire vieilli par le temps. Encore habitée par des moines, l'abbaye se visite tout au long de l'année, notamment pour découvrir l'église abbatiale, le cloître et l'ancien dortoir.

GORDES

C'est le village perché provençal tel qu'on se l'imagine et l'un des plus célèbres du parc naturel régional du Luberon. Situé sur la face sud des contreforts des monts du Vaucluse, les maisons traditionnelles en pierres blanches et sèches qui les composent contrastent avec le vert émeraude de la végétation environnante. Au sommet de la colline trône son château, impassible depuis des siècles d'observation. Prenez le temps de vous perdre dans son dédale de ruelles en sortant des sentiers battus.

ROUSSILLON

Roussillon est l'un des plus beaux villages de France, et son titre est hautement mérité. Véritable coup de cœur pendant notre road-trip, la surprise fut totale en découvrant de nos propres yeux les tons si rose-orange des façades des maisons. Sans aucun doute, il s'agit là d'une petite pépite du Lubéron. Le site est également célèbre pour ses carrières d'ocre aux pigments s'étalant du jaune au violet. Une boucle d'une heure est proposée dans les étonnants décors du Sentier des Ocres pour trois ou quatre euros par personne.

LES TAILLADES

Le village des Taillades mérite largement son nom. Les bâtisses semblent avoir été découpées au couteau à même la carrière d'où ont été extraites leurs matières premières, en face de la colline Saint-Jacques. L'histoire de ce site remarquable remonte au néolithique. Le canal de Carpentras et le moulin Saint-Pierre valent aussi le coup d'oeil. En partant du village, une impressionnante promenade mène vers la roche Percée de Baude : le sentier, en forme de demi-tunnel, a été taillé dans la falaise.

SENTIER DES OCRES

COUP DE COEUR
de Pierre

Un des objectifs de ce tour de France en van était de partir à la découverte de ces lieux empreints d'une beauté singulière, capable de nous transporter à l'autre bout du monde. Dès notre arrivée dans le Luberon, on nous conseilla le Colorado Provençal. À en croire le nom que portait cet endroit, il rentrait dans cette thématique.

Après avoir visité le superbe village perché de Gordes, et de retour sur la route, notre regard fut attiré par certaines falaises aux tons orangés que l'on pouvait apercevoir au loin, vers l'est.

Sans remettre en question le fait que ce relief ambré appartenait au célèbre Colorado Provençal, ce n'est que bien après que nous réaliserons avoir confondu ce dernier, situé à Rustrel, avec le Sentier des Ocres de Roussillon. Mais qu'importe : l'endroit était tout aussi impressionnant.

Le village de Roussillon contraste dans le paysage vert émeraude par ses façades roses. En le voyant pour la première fois, nous avons l'impression d'avoir une toile d'un grand maître impressionniste en face de nous. Ce rapprochement avec la peinture semble plus pertinent encore lorsque, après nous être garés, nous remarquons un pan de falaise écorché qui révèle son intérieur rose vif.

Nous décidons d'en savoir plus et de suivre le panneau indiquant "Sentier des Ocres". Après avoir payé l'entrée aux anciennes carrières, nous optons pour l'itinéraire d'une cinquantaine de minutes. L'endroit est remarquable et le dépaysement total : on se croirait à s'y méprendre en Amérique dans la région du Grand Canyon. La promenade à l'intérieur de cette pinède provençale nous conduit de massif d'ocre en massif d'ocre. Certains sont plutôt clairs, avec des nuances de jaune, et d'autres bien plus sombres, tirants vers le pourpre. Tous ont en commun d'avoir été polis par les éléments après que cet ancien site industriel fut rendu à la nature. À chaque heure de la journée et à chaque saison, les couleurs et leurs formes changent.

Ce n'est peut-être pas le Colorado Provençal officiel, mais cela restera clairement notre colorado provençal à nous.

LA ROUTE DES PEINTRES

— 302 km —

Cet itinéraire plaira aux amateurs d'art et surtout à ceux qui ont envie de se plonger dans l'univers qui a inspiré les célèbres peintres Van Gogh, Cézanne, Matisse et Picasso. Le circuit se fera en quatre étapes de Saint-Rémy-de-Provence à Antibes.

Sur les Terres de Van Gogh

Nous connaissons tous les tableaux aux champs de blé, de tournesols ou de lavande de Van Gogh. Ou encore ce tableau qui dépeint, toujours en pointillisme, une célèbre chambre bleue. À Saint-Rémy-de-Provence, un circuit pédestre vous guide au travers de ces décors qui ont tant inspiré le peintre.

Dans la ville d'Arles, c'est un parcours en sept étapes qui vous attend pour découvrir les sites clés qui ont inspiré Van Gogh, dont le tableau de nuit d'une terrasse de café sur la place Forum.

Dans l'intimité de Cézanne

À Aix-en-Provence, vous pourrez rentrer dans l'intimité de Cézanne en visitant son atelier ou encore sa maison familiale. Vous y retrouverez le mobilier d'époque, tout son matériel de travail ainsi que les célèbres modèles de ses natures mortes.

Un clin d'oeil à Matisse

À Vence près de Cannes, arrêtez-vous à la chapelle du Rosaire entièrement conçue et décorée par Matisse, avec ses vitraux colorés et ses fresques murales. On y retrouve bien là tout l'univers du peintre.

Le musée Picasso
On ne peut pas faire la route des peintres, sans faire un stop au musée Picasso d'Antibes. Un superbe bâtiment avec vue sur mer et une collection regroupant les plus célèbres tableaux du peintre.

Une halte à Antibes est également l'occasion de flâner dans ses ruelles à la découverte de petites boutiques d'artisans. En 2017, la ville a d'ailleurs obtenu le label "Ville métiers d'art".

Une boutique de porcelaines :

Les Petites Porcelaines de Justine,
Vallauris

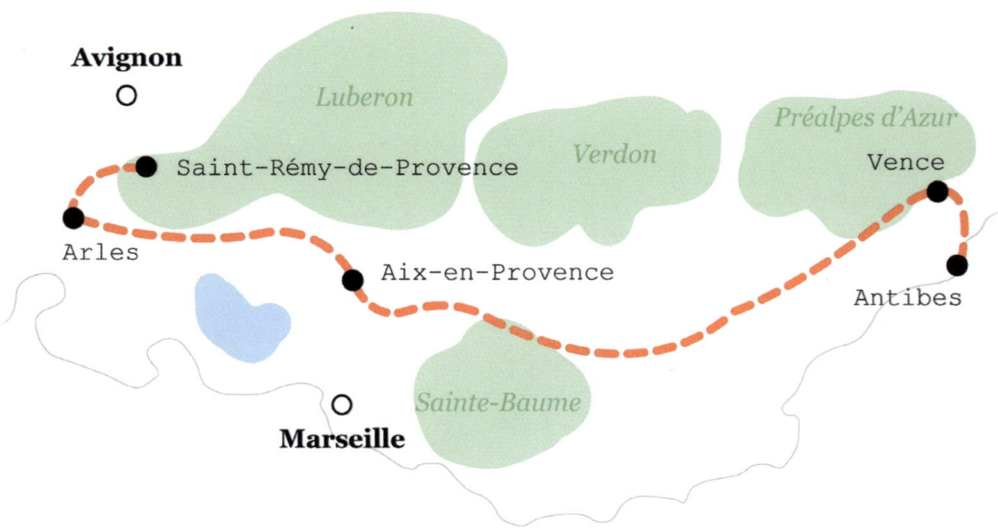

LA SINUEUSE ROUTE DES GRANDES ALPES

— 730 km —

Comment passer à côté de cette route mythique ? Qu'on l'explore à vélo, à pied, en deux roues ou encore en van aménagé, cette route nous fait tous rêver. Et il y a de quoi. La route des grandes Alpes, longue de 730 km entre Thonon-les-Bains et Nice, nous fait gravir quatre cols légendaires, visiter de charmants villages alpins et traverser trois parcs nationaux d'exception.

Du lac Léman à la Méditerranée

C'est certain qu'avec Georges nous n'aurions pas pu suivre cet itinéraire. Son petit moteur aurait succombé au relief. Il faut rappeler que les quatre cols principaux de cette route culminent à près de 2 764 m (col de l'Iseran), 2 677 m (col du Galibier), 2 360 m (col de l'Izoard) et 2 327 m (col de la Cayolle). N'oubliez pas de contrôler votre niveau d'huile moteur et de liquide de refroidissement avant chaque nouvelle étape !

Une halte au refuge Napoléon

Que ce soit pour un repas gourmand ou pour une nuit dans une vraie chambre, notre petit coup de coeur va au refuge Napoléon du Col d'Izoard. On est certains que vous trouverez dans ce refuge une ambiance familiale et conviviale.

Quelques idées de randonnées autour de la route des grandes Alpes

Parc de la Vanoise

Randonnée jusqu'au lac de plan d'Amont au départ d'Aussois

Parc des Écrins

Randonnée jusqu'au lac de l'Eychauda au départ de Chambran

Parc du Mercantour

Randonnée du lac du Lauzanier à la Croix au départ de Larche

Des paysages naturels qui se méritent

C'est certain que sur une route panoramique comme celle-ci, on pourrait passer des journées entières à rouler les cheveux aux vents. Mais une jolie randonnée de temps en temps ne ferait pas de mal à nos guibolles. Entre le parc national de la Vanoise, des Écrins, du Mercantour et le parc naturel régional du Queyras, il y a de quoi faire.

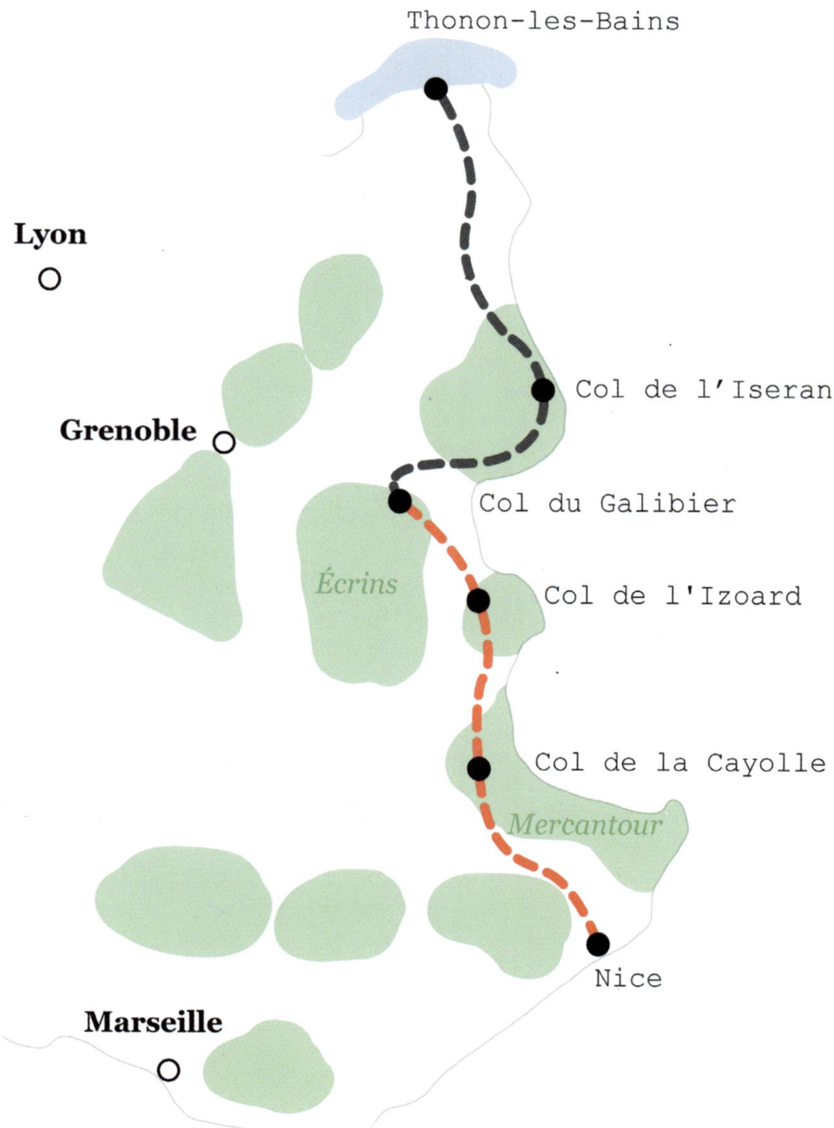

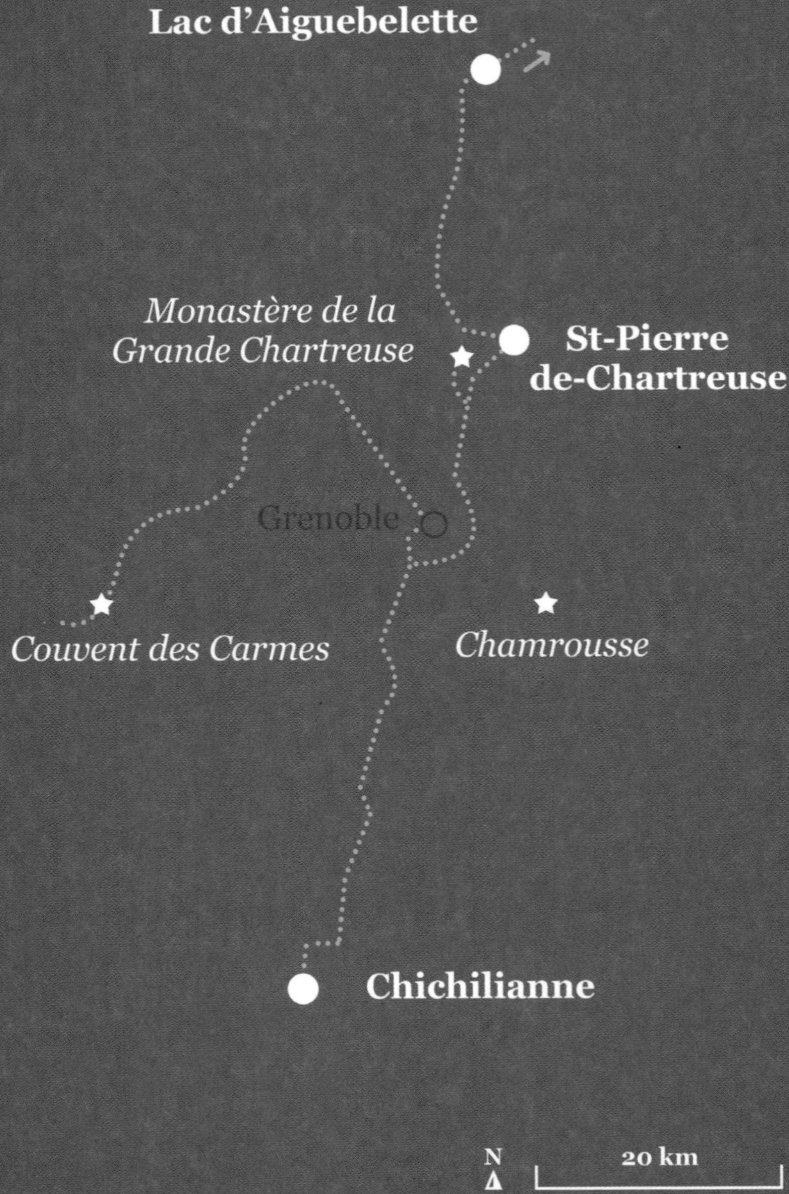
Lac d’Aiguebelette
Monastère de la
Grande Chartreuse
St-Pierre
de-Chartreuse
Grenoble
Couvent des Carmes
Chamrousse
Chichilianne
N
20 km

De l'Isère à la Savoie

De Saint-Romans au Lac d'Aiguebelette

235 km

Tourbières de l'Herretang : 45.390499, 5.71314

Camping du Château, Beauvoir-en-Royans

Abri de l'Essaure, Cabane non gardée, Chichilianne

Le gâteau aux noix

Day by day : *48 rue Madier de Montjau, Valence*

De Chichilianne au pas de l'Essaure

LE VERCORS

Le massif du Vercors est partagé entre deux départements : la partie Est se situe dans la Drôme, dont la préfecture est Valence, et la partie Ouest en Isère, rattachée à la préfecture de Grenoble. Nous aurions pu attaquer l'ascension par la face ouest du massif et même nous arrêter au monastère orthodoxe Saint-Antoine-le-Grand, qui mérite certainement le détour. Mais nous avons finalement opté pour la face Est, au départ de Chichilianne, avec comme objectif de rejoindre le pas de l'Essaure. Nous y passerons une nuit en refuge, avec vue sur le mont Aiguille.

SAINT-PIERRE-DE-CHARTREUSE

Le parc naturel régional de Chartreuse, à cheval sur l'Isère et la Savoie, est un massif préalpin qui s'étend sur près de 70 000 hectares. Le jour de son anniversaire, Camille a eu la joie de survoler cette réserve naturelle des hauts de Chartreuse avec ses monuments rocheux bordés de hautes parois qui s'étendent du mont Granier à la Dent de Crolles.

L'ASCENSION DU CHARMANT SOM

L'été, il y a de nombreuses randonnées à faire en Chartreuse. Comme celle qui grimpe jusqu'à la réserve naturelle des hauts de Chartreuse ou encore Chamechaude. Le Charmant Som est un sommet qui reste facilement accessible été comme hiver. Il suffit de suivre la route qui serpente jusqu'à l'auberge du Charmant Som, puis de terminer l'ascension en suivant le sentier jusqu'à la croix.

LE LAC D'AIGUEBELETTE

Si vous décidez de remonter vers la Savoie, arrêtez-vous à la plage du lac d'Aiguebelette pour une baignade rafraîchissante dans ses eaux émeraude. Ce lac possède un écosystème remarquable et des zones naturelles classées et protégées. Une route de 18 km permet de faire le tour du lac à la découverte de ses côtes sauvages, îlots, marais et roselières.

REFUGE DU VERCORS

Sentier | Pas de l'Essaure
Durée | 10 h
Dénivelé | 1000 m

De bon matin, nous garons Georges sur le parking de Saint-Georges-de-Commiers et prenons le train direction Celles. Cela lui évitera une autre montée difficile, et à nous, une nouvelle montée de stress. Nous suivons le balisage jusqu'à Chichilianne, puis débutons l'ascension par le sentier du Pas de l'Essaure.

Le parcours passe dans une forêt et grimpe jusqu'à 1695 m d'altitude. Il n'est pas très difficile, mais le dénivelé avoisine tout de même les 800 m.

Une fois le col passé, nous entrons dans la réserve des Hauts-Plateaux du Vercors qui représente 10% de la taille du parc naturel. Nous trouvons notre maison pour la nuit : le refuge de l'Essaure. Une cabane non gardée qui permet d'abriter sommairement six randonneurs pour la nuit. Nous redescendrons demain par le même sentier.

Après une nuit au sommeil léger, couchés à même le plancher en bois et visités à de nombreuses reprises par des souris, nous plions bagage aux aurores. Nous marchons jusqu'au point culminant de la crête des rochers du Parquet, pour assister au lever du soleil. Un chamois croise notre chemin à vive allure, surpris de nous voir sur son passage de si bonne heure. Le vent est frais, il siffle dans nos oreilles et nous fouette le visage.

Nous trouvons un petit promontoire de cailloux parfait pour nous adosser. Emmitouflés dans notre couette, nous assistons silencieux et émus au rituel céleste.

L'astre colore progressivement le ciel d'une lueur rosée orangée, accentuant le contraste des formes découpées des chaînes lointaines, derrière lesquelles il se cache. Le mont Aiguille se dévoile plus majestueux que jamais.

Cascade du saut du Gouloux
Dijon
Oratoire Bonne Espérance
Lac des Settons
Dole
St Romain
Belvédère d'Uchon
Cascade des Tufs
Mâcon
N
50 km

Bourgogne-Franche-Comté

De Dole au Morvan

203 km

Baverans : 47.096616, 5.539596

Pernand-Vergelesses : 47.085602, 4.8531

Domaine de la Pierre Ronde, Saint-Martin-de-la-Mer

Le pain d'épice du Morvan

La réserve Bio - Auxonne
(commande en ligne et retrait sur différents points)

Se balader entre les vignes

LES FALAISES DE SAINT-ROMAIN

Alors que nous faisons une pause pour le déjeuner, nous découvrons les falaises abruptes de Saint -Romain, un des villages les plus anciens de la région. Plusieurs circuits, dont le sentier des Roches, proposent de randonner sur les hauteurs de ces falaises si caractéristiques dominant les vignobles des Hautes-Côtes.

DOLE

Rien ne nous prédestinait à nous arrêter à Dole durant notre road-trip. C'est avant tout sa médiathèque et son accès à internet, qui ont motivé cette étape. Il faut parfois ne s'attendre à rien pour faire les plus jolies découvertes. Dole semble être une petite cité jurassienne paisible et charmante, où il fait bon flâner par une journée ensoleillée. Suivez le circuit touristique du "Chat perché" qui vous guidera vers les sites emblématiques du patrimoine dolois. Chaque année à la fin septembre, la ville accueille un immense marché gourmand le temps d'un week-end.

LE MORVAN

Le Morvan, aux confins de la Nièvre, de la Côte-d'Or, de l'Yonne et de la Saône-et-Loire, compte parmi les 54 parcs naturels régionaux de France. Ce massif granitique, au cœur de la Bourgogne, offre lui aussi d'agréables sorties entre sommets, rivières, cascades et grands lacs. Nous choisissons le lac des Settons à qui l'on prête souvent des allures scandinaves. En période estivale, le site se transforme en base nautique familiale, mais en cette saison rien ne vient perturber la tranquillité des eaux.

DANS LES VIGNES

COUP DE COEUR

de Pierre

Après de longues semaines à explorer le sud-est de la France, ses villages perchés et sa garrigue désertique, la fraîcheur de l'océan nous appelle. À plus de six cents kilomètres de là, la caresse de son embrun est bien perceptible. Aussi, il nous faut absolument être sur Paris en fin de semaine pour une séance de dédicace à la Librairie du Québec.

Pressés par le temps et par cette envie d'horizon bleu, nous mettons le cap au nord-ouest, en direction de Dole, puis de Beaune. Jusqu'à ce que la vision de vignes à perte de vue freine notre élan.

La palette de couleurs de leurs feuilles diaphanes, roussies par la chaleur du soleil des mois passés, s'étalonne du vert-olivine au rouge-rubis. Ici, l'automne est déjà bien amorcé. Les températures aussi ne sont plus les mêmes. Vêtu d'un t-shirt et d'un short deux jours auparavant, voilà que je supporte le pull et l'écharpe.

La lumière du soir rase la plaine. Les rayons m'éblouissent, mais peinent à me réchauffer. Sans aucune difficulté, ils transpercent les minces feuilles de vignes et les illuminent par transparence. La Côte d'Or mérite bien son nom. Une légère brise se met à les faire danser à l'unisson, au rythme du ronronnement du moteur fatigué de Georges.

L'occasion est trop belle : nous profitons de cette atmosphère si particulière pour oser nous perdre dans le dédale de chemins de terre. Dans ce champ aux dominantes automnales, Georges semble être dans son élément : la couleur de sa carrosserie se fond à merveille dans le paysage. Aussi loin que porte notre regard, nous ne distinguons aucune habitation. Une poignée de viticulteurs, croisés en chemin, nous saluent d'un sourire et d'un geste de la main avant de se remettre au travail.

Ce soir, nous camperons sur les hauteurs de Pernand-Vergelesses. Et demain ? Bien que l'idée d'explorer la région plus en profondeur soit séduisante, nous nous remettrons en direction de l'Île de France. Nous ne sommes que de passage. Alors, sereins, nous nous rappelons que ces instants de douceur ne peuvent ni être attrapés ni être provoqués : ils nous sont toujours offerts lorsqu'on s'y attend le moins.

LA ROUTE DES LACS DU JURA
— 67 km —

Durant notre tour de France, nous avons passé deux nuits à Dole, sans vraiment laisser le temps à ce département de nous dévoiler ses plus beaux panoramas. Saviez-vous qu'il existe une route des lacs dans le Jura ? Cette route qui serpente sur près de 150 km relie les plus beaux lacs jurassiens, dont le lac d'Antre, le lac d'Etival et le lac de Bonlieu. L'itinéraire nous permet de découvrir les vingt lacs de la région en reliant les principaux sites naturels ou touristiques du département.

Le lac Chalain

On pourrait, par exemple, commencer ce circuit par le lac de Chalain, le plus grand lac naturel du Jura, avec une eau incroyablement turquoise. C'est le cadre idéal pour faire une petite halte baignade ou paddle sur le lac.

Les cascades du Hérisson

En descendant la route des Cascades le long du lac de Chambly et du lac du Val, on peut marcher à la découverte du tumultueux torrent du Hérisson qui dévoile sept belles cascades façonnées par la nature au fil des années.

Le belvédère des Quatre Lacs

En direction du lac de Bonlieu, il ne faut pas manquer le belvédère des Quatre Lacs au pic de l'Aigle. Ce sommet culmine tout de même à 993 m d'altitude et domine la vallée des Quatre Lacs qui comprend les lacs de Narlay, Ilay, Petit et Grand Maclu.

Le lac de Bonlieu

Le petit lac glaciaire de Bonlieu, entouré de forêts, est peut-être un des plus sauvages et des plus pittoresques du Jura. Surtout au début de l'automne, quand la robe des arbres se colore de mille nuances de pourpre.

Lac de Vouglans

Le lac de Vouglans, considéré comme la station balnéaire du Jura, impressionne par sa superficie : 35 km de long qui en font le troisième lac artificiel de France. Un belvédère sur le plateau de Bellecin a été aménagé pour offrir une vue panoramique sur le lac. Ce qu'il faut savoir, c'est qu'au bout du lac se trouve le barrage hydroélectrique EDF de Vouglans. Avec ses 103 m de hauteur, c'est la troisième retenue de France. Impressionnant !

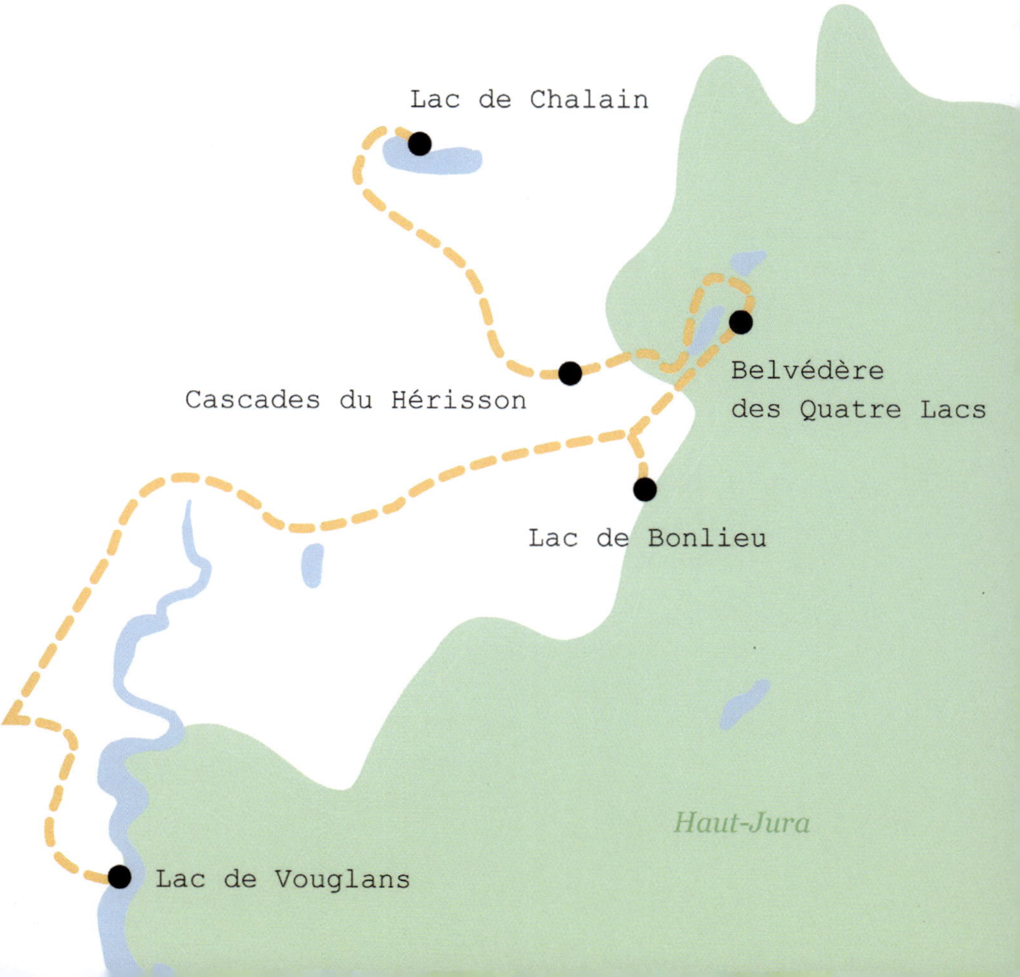

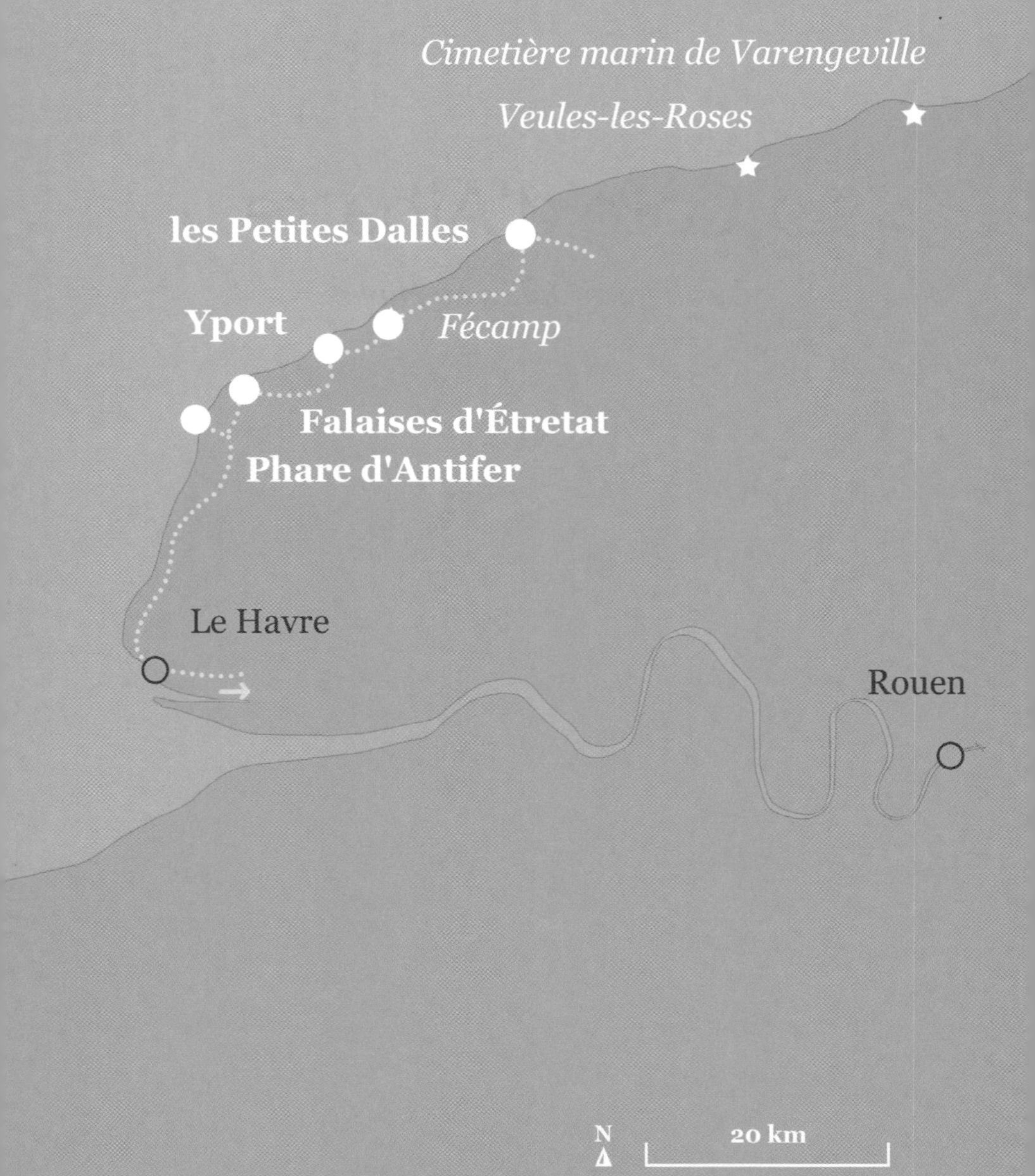

Cimetière marin de Varengeville
Veules-les-Roses
les Petites Dalles
Yport
Fécamp
Falaises d'Étretat
Phare d'Antifer
Le Havre
Rouen
N
20 km

La Côte d'Albâtre

Des Petites Dalles au Havre

64 km

Les Petites Dalles, St-Martin-aux-Buneaux : 49.825317, 0.524841

Le Croquet, Octeville-sur-Mer : 49.557338, 0.091931

Camping la Pâture, Yport

Les sablés normands

Arrivée au bord de mer

LES FALAISES DE FÉCAMP

Les falaises d'Étretat ne sont pas les seules falaises qui valent le détour. La côte d'Albâtre s'étend sur plus de 130 km le long de la Manche et offre de part et d'autre, de magnifiques points de vue sur les falaises de calcaire et de silex, parfois hautes de plus d'une centaine de mètres. Dans les alentours de Fécamp, Saint-Pierre-en-Port permet d'accéder à un minuscule port de pêcheurs. Le cap Fagnet à l'entrée de la ville, ouvre lui aussi sur un panorama dégagé sur le littoral.

YPORT

Yport est une petite station balnéaire tranquille et pittoresque que nous découvrons au hasard d'un détour. Ses charmantes petites cabanes de plage ne sont pas sans nous rappeler celles de Dinard en Bretagne. C'est le lieu idéal pour se reposer sur le sable et profiter des doux rayons du soleil.

ÉTRETAT

Le plus beau circuit des falaises d'Étretat passe par la plaine de Valaine, rejoint la côte à partir de la falaise d'Aval et longe le sentier côtier en direction d'Étretat. Il passe ensuite par la pointe de la Courtine, le panorama des Pisseuses de la Valaine et le chemin des Douaniers. Allez jeter un oeil à l'impressionnant trou dans la falaise au départ du chemin des Douaniers. Vous pourrez même grimper sur la fameuse falaise percée !

PHARE DU CAP D'ANTIFER

Ce phare, un des plus hauts de France, offre un superbe point de vue sur la Manche et l'on peut même y passer la nuit en van, si le site n'est pas bondé. Un chemin descend jusqu'à la plage et raccorde le GR21 nouvellement balisé dans le cadre de l'aménagement du sentier littoral. Ce soir-là, nous avons préféré dormir au spot du Croquet à Octeville-sur-Mer.

WESTFALIA
the_roadtrippers
BQ-668-TA

BORD DE MER

COUP DE COEUR
de Pierre

Nous y voilà. L'océan s'étale devant nous et plonge dans les profondeurs de l'horizon. L'air iodé nous fouette le visage. Les cris des goélands argentés résonnent dans nos oreilles comme une comptine d'enfance que l'on aurait oubliée.

À leurs braillements se mêle le chant des drisses, ces poulies métalliques qui tapent contre les mâts des bateaux sur une cadence unique. Au loin, le ressac gronde contre les immenses falaises de calcaire imperturbables. Pas de doute : nous sommes bel et bien arrivés sur le littoral normand.

Après trois mois et demi de périple dans le sud de la France, autant portés par nos envies spontanées que par la nécessité de visiter les plus grandes librairies pour y déposer nos livres, cela m'a fait bizarre. Devoir aligner plus de 600 kilomètres, contraint d'ignorer le paysage qui défilait dans les rétroviseurs, m'a laissé un goût amer. Nous qui adorons découvrir une région au gré de nos déambulations, nous étions pris dans une folle course contre la montre. Arrivés à temps à Paris pour notre rendez-vous, cette précipitation nous a fait réaliser combien nous étions en retard sur notre projet initial. À l'origine, nous avions trois mois pour faire ce tour de France en van aménagé. Seulement voilà : le quatrième mois était déjà bien entamé, nous n'avions visité que le Sud, et à ce rythme, dans un an nous serons toujours sur les routes françaises.

En descendant du van aux Petites Dalles et en apercevant l'horizon bleu et enivrant, toutes ces préoccupations s'envolent en un éclair. Le soleil se couche, lustrant de tons orangés l'imposante surface des falaises. L'eau scintille de mille feux. L'air marin est vif et décapant. L'instant présent nous happe, Camille et moi, sans crier gare. Une émotion forte et puissante déferle en moi, telle une lame de fond silencieuse. Dans le reflet brillant de nos yeux respectifs, un mélange de sérénité et de plénitude. En silence, main dans la main, nous contemplons le paysage qui s'offre devant nous pendant de longues minutes. Face à un tel spectacle, comment ne pas être confiant en ce que l'avenir nous réserve ?

Honfleur
Bois du Breuil
Cimetière américain
Deauville
Caen
Cabanes de
Gouville-sur-mer
Le Grouin du Sud
Le Mont-Saint-Michel
N
50 km

Calvados & Manche

D'Honfleur au Mont-Saint-Michel

196 km

Bois de Breuil, Honfleur : 49.40708, 0.193979

Pointe du Grouin du Sud, Vains : 48.656502, -1.44488

L'arbre aux étoiles, Fatouville-Grestain

Le cidre de Normandie

La maison du vrac : Rue de Gémare, Caen

Marché d'Honfleur

Coucher du soleil sur la baie du Mont-Saint-Michel

HONFLEUR

Honfleur est un port apprécié des touristes et on comprend pourquoi : des ruelles pavées, des maisons à colombages, des petites boutiques de créateurs, artistes et artisans locaux, un port photogénique et un marché hebdomadaire convivial et alléchant.

LE BOIS DU BREUIL

Ce bois en bordure du littoral, qui n'est indiqué sur aucune carte, est une belle découverte. Comme le décrit le site de l'office du tourisme de Normandie : "Rhododendrons, allées de hêtres et arbres aux formes étonnantes accueillent les promeneurs. Une boucle d'environ 5 km offre de beaux points de vue sur la baie de Seine." Effectivement, ce bois dégage une ambiance toute particulière, presque mystique. Surtout en début de matinée quand les premiers rayons percent à travers les branchages. Sans même nous lancer dans une chasse aux champignons, nous tombons sur de beaux cèpes.

LE MONT-SAINT-MICHEL

Quand on parle du Mont-Saint-Michel, on pense surtout à la côte bretonne : c'est de ce côté de la baie qu'il est le plus facilement accessible en voiture. Mais le fameux rocher inscrit au patrimoine mondial de l'Unesco est également bien visible depuis la côte normande dans la Manche.

POINTE DU GROUIN DU SUD

Aussi incroyable que cela puisse paraître, il est assez facile de dormir en van près du Mont-Saint-Michel. Plusieurs zones ont été aménagées pour accueillir les camping-cars et il est facile de dénicher d'autres spots avec un véhicule plus petit. Nous avons passé deux nuits avec vue sur l'île. Une première nuit à la pointe du Grouin du Sud et une seconde près du Manoir Roche Torin.

POTIMARON FRANCE
CAROTTES
5 Kg

MARCHÉ D'HONFLEUR

COUP DE COEUR
de Camille

Nous sommes déjà mi-octobre, l'été a laissé sa place aux nouvelles couleurs automnales. L'air frais de la côte nous apporte un peu de réconfort après ces chauds mois estivaux. Nous ressortons nos vestes chaudes bien rangées dans la banquette du lit et auxquelles nous n'avions pas touché depuis quatre mois.

Notre première étape dans le Calvados sera Honfleur. J'avais très envie de faire découvrir à Pierre ce vieux port bordé de maisons imbriquées datant du XVIe au XVIIIe, coiffées d'ardoises et parfois en colombages.

Par chance, aujourd'hui samedi est jour de marché à Honfleur. Un rendez-vous immanquable pour les Honfleurais et les habitants des alentours qui sortent pour l'occasion.

Sur le port, l'ambiance est joviale et détendue. Couples, amis et familles qui ont l'air de célébrer le début du week-end autour d'un verre, occupent toutes les terrasses baignées de soleil.

Dans les ruelles du centre historique sont installés des dizaines de stands présentant un large panel de la gastronomie locale : fruits et légumes, fromages, pâtisseries, fleurs, vêtements, bijoux... La foule flâne indistinctement d'un stand à l'autre, attirée par les effluves tantôt sucrés, tantôt salés des produits de terroir et produits de la mer.

Il est difficile de ne pas se laisser tenter par une séance de dégustation improvisée.

Nous succombons à deux becs de Flers (une viennoiserie proche du chausson aux pommes, mais remplie d'un mélange pomme-rhubarbe) et achetons une petite dizaine d'oeufs pour préparer une omelette avec les cèpes que nous avons récoltés au bois du Breuil ce matin.

MONT-SAINT-MICHEL

COUP DE COEUR
de Pierre

Bretons d'origine, le Mont-Saint-Michel, souvent surnommé la perle de l'occident, a longtemps été un classique de nos vacances. Chaque année, ses ruelles chargées d'histoire attirent quelques millions de visiteurs venus des quatre coins du monde, se bousculant pour atteindre son abbaye.

Parfois, l'impression de découvrir un endroit pour la première fois ne dépend que de l'angle duquel on l'approche. Nous avons vu le Mont-Saint-Michel des dizaines de fois, mais jamais de la rive droite du Couesnon.

Il est 18h30. Nous venons d'arriver au Grouin du Sud, au sud de Saint-Léonard. La caractéristique forme pyramidale du mont se distingue bien. En son sommet, l'épée de l'archange Saint-Michel semble percer la voûte céleste. Vu sous cet angle, le monument est tout aussi impressionnant : ses prés salés ne sont plus devant, mais derrière, libérant ainsi l'horizon de leurs vastes étendues vertes. L'endroit est superbe. Nous décidons de nous y arrêter pour la nuit.

En s'avançant jusqu'à l'extrémité de la pointe rocheuse saillante, le panorama exceptionnel change au gré de la marée. Bientôt, une large langue de sable émerge hors de l'eau. À contre-jour, elle apparaît aussi sombre et mystérieuse que le flanc d'un navire fantôme échoué depuis des siècles. Petit à petit, le soleil décline, la lumière se charge d'une épaisse énergie orange rendant la scène presque surréelle. Au loin, un vol de mouettes surveille les hauteurs de l'îlot, virevoltant à l'unisson au-dessus de la célèbre statue dorée. L'océan est paisible, lisse comme une surface de verre, reflétant avec précision les nuances d'un ciel rougeoyant. Dans une dernière descente, le soleil plonge dans l'océan en emportant ses plus belles robes. L'océan s'assombrit. Cette douce vision résonne en nous : lui aussi semble éteint, fatigué du mouvement incessant. Après tout, ne dit-on pas que l'océan est le miroir de l'âme ?

Quatre mois sur les routes. Quatre mois de mouvement incessant à vagabonder. Mais ces derniers jours, une fatigue s'est installée. Est-ce l'approche de la fin de cette aventure ? Ou bien s'agit-il d'une envie plus profonde de stabilité ? Les prochains jours nous le diront.

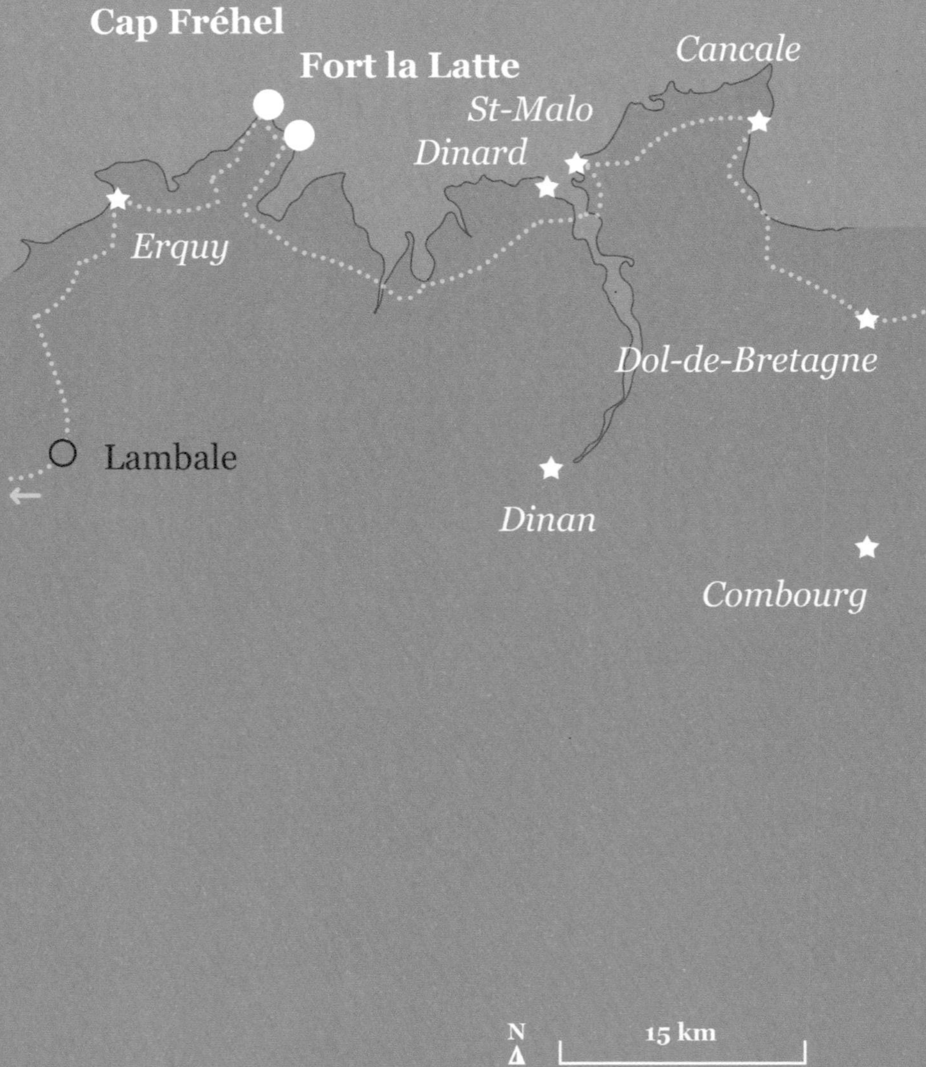
Cap Fréhel
Fort la Latte
Cancale
St-Malo
Dinard
Erquy
Dol-de-Bretagne
Lambale
Dinan
Combourg
N
15 km

La Côte d'Emeraude

De Dol-de-Bretagne à Lamballe

100 km

Vue sur la baie de Fresnaie, Matignon : 48.6241, -2.2973

Camping du Cap Frégel, Fréhel

Les galettes de sarrasin

LE CAP FRÉHEL

Le cap Fréhel est un des plus beaux sites naturels de Bretagne. Réserve ornithologique, falaises déchirées de plus de 70 m de haut. Ce lieu exceptionnel est souvent pris d'assaut par les visiteurs, mais nous avons eu la chance de le découvrir en toute intimité. Le cap Fréhel avec ses 600 hectares de landes de bruyères et d'ajoncs offre une multitude de coloris chatoyants tout au long de l'été. En automne, à la manière des feuilles des arbres, la flore se pare progressivement de teintes ocre éclatantes. En soirée, les rayons dorés du soleil donnent aux parterres une couleur d'autant plus flamboyante.

LE FORT LA LATTE

L'imposant château de la Roche Goyon et son fort de défense côtière, le fort La Latte, surplombent magnifiquement la mer. C'est un des plus grands châteaux bretons dominant la baie de Saint-Malo. Empruntez le GR34 qui longe la côte déchirée : elle offre d'exceptionnels points de vue sur le cap Fréhel et sur le fort La Latte.

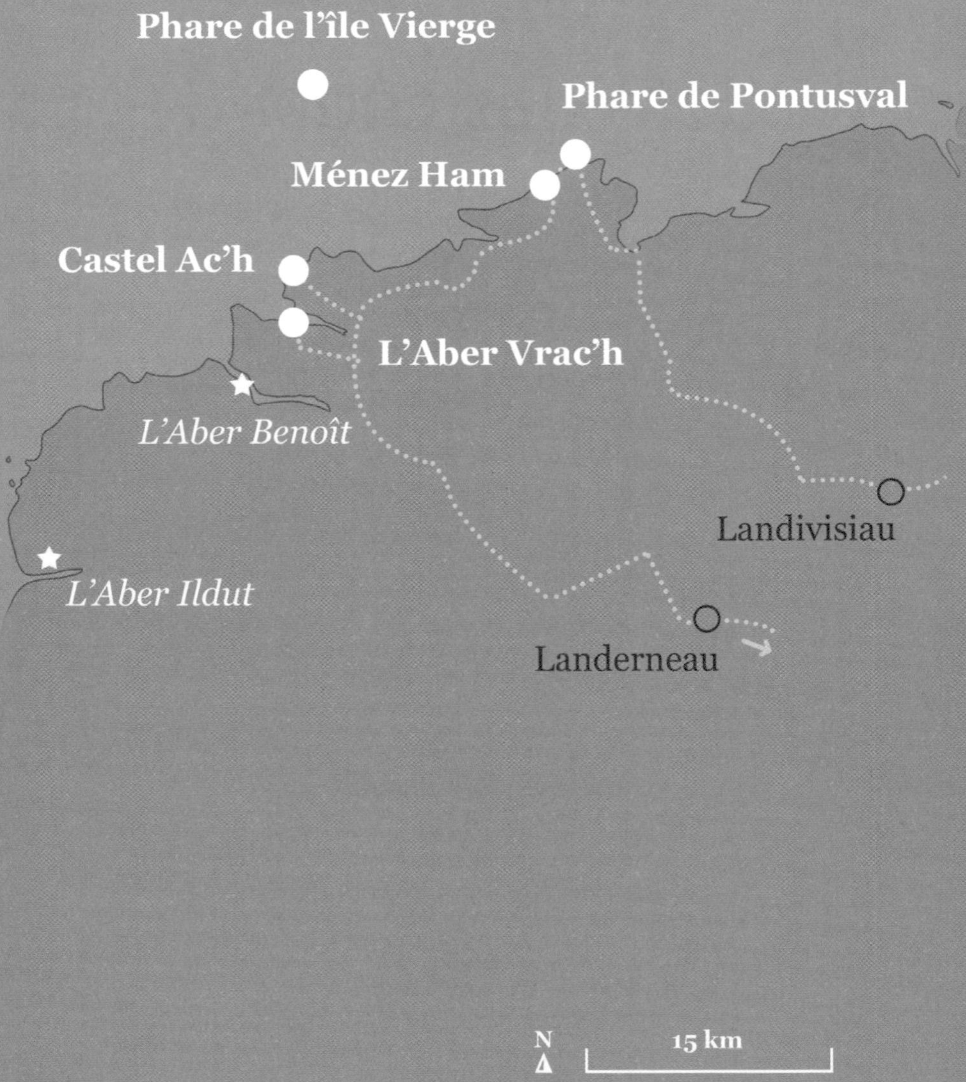
Phare de l'île Vierge
Phare de Pontusval
Ménez Ham
Castel Ac'h
L'Aber Vrac'h
L'Aber Benoît
L'Aber Ildut
Landivisiau
Landerneau
N
15 km

La Côte des Légendes

De Landivisiau à Landerneau

106 km

Parking de plage, St-Cava, Plouguerneau : 48.616699, -4.56455

Le kouign amann

Day by day : Halles Saint-Louis, Brest

L'ABER WRAC'H

Au nord du Finistère, dans cette région parfois surnommée les fjords bretons, se cachent trois anciennes vallées fluviales caractéristiques : l'aber Ildut, l'aber Benoît et l'aber Wrac'h. C'est pour ce dernier (le plus grand des trois) que nous avons opté. Il sillonne la campagne bretonne sur plus de douze kilomètres et traverse onze communes. Une halte au point de vue sur l'Aber Wrac'h s'impose (lat. 48.593092, long. -4.520144). Un sentier côtier est également accessible en contrebas, si le coeur vous en dit.

LE PHARE DE L'ÎLE VIERGE

Avec cette envie de nous approcher au plus près de l'océan avec Georges, nous avons débusqué un petit parking à la pointe du Castel Ac'h. Un joli spot avec vue sur le phare de l'île Vierge. Saviez-vous que ce phare en pierre de taille de presque 83 m de haut est le plus haut d'Europe ? On y accède en bateau depuis le port de l'aber Wrac'h pour des visites entre avril et octobre.

MENEHAM

Niché au coeur de la Côte des Légendes, à Kerlouan, ce hameau de chaumières restaurées nous a tout de suite plu. Découvrez l'ancienne maison de garde encastrée dans les rochers, l'auberge qui propose des spécialités locales et l'ancienne caserne des douaniers qui abrite désormais des ateliers d'artisans.

LE PHARE DE PONTUSVAL

Une belle balade est à faire de l'hôtel de la Mer au phare de Pontusval. Ici, le paysage chaotique des rochers aux formes curieuses se mêle aux histoires fantastiques que l'on raconte sur le pays Pagan. La Côte des Légendes n'en finit donc pas de nourrir l'imaginaire des grands et des petits.

Morlaix
Landerneau
Rochers du Cragou
Huelgoat
Brest
Chapelle St-Michel
Lac
de Brennilis
Cap de la Chèvre
Locronan
Pointe du Raz
Quimper
N
20 km

Les Monts d'Arrée

De Landerneau à Huelgoat

112 km

Chapelle Saint-Michel de Brasparts : 48.347401, -3.94052

Le kig ar farz

Les sommet des Monts d'Arrée

BRENNILIS

Depuis que nous avions quitté l'Isère, nous étions impatients de conduire Georges jusqu'aux Monts d'Arrée, ces montagnes bretonnes avec leur modeste sommet culminant à 385 m d'altitude. Au coeur du parc naturel régional d'Armorique, ce territoire est un véritable coup de coeur. Les paysages de tourbières sauvages dans lesquels se perdent les crêtes rocailleuses, le lac de Brennilis et la chapelle juchée sur le mont Saint-Michel-de-Brasparts donnent au décor un charme singulier.

LA FORÊT D'HUELGOAT

Également citée dans notre itinéraire des mythes et légendes de Bretagne, la forêt de Huelgoat fait partie de ces lieux magiques de la Bretagne intérieure. Ce chaos d'énormes pierres granitiques suscite l'étonnement et joue avec notre imaginaire. Ne manquez pas la roche tremblante et la grotte du Diable lors de votre excursion !

WESTFALIA

LES MONTS D'ARRÉE

COUP DE COEUR

de Camille

Depuis que nous avons quitté les reliefs de la Chartreuse, je n'ai qu'une hâte : celle de découvrir ces fameuses montagnes bretonnes du Massif armoricain, que l'on appelle les monts d'Arrée.

Nous sommes arrivés en Bretagne par le Mont-Saint-Michel il y a une dizaine de jours. Étant originaire d'Ille-et-Vilaine et Pierre des Côtes-d'Armor, nous connaissons mieux cette région que toutes les autres parcourues depuis le début de notre aventure. Néanmoins, nous souhaitions terminer notre tour de France en revisitant tous les lieux que nous aimons en Bretagne : la côte d'Émeraude, la côte de Granit Rose, le pays des Abers, le Golf du Morbihan.

La barrière rocheuse se profile à l'horizon, annonçant déjà de jolies promenades. Nous filons, le coeur impatient, sur cette route qui s'étire jusqu'au col du Roc'h Ruz. Nous y sommes ! Sommes-nous encore en Bretagne ? Nous avons du mal à y croire. Lourdes roches dispersées, crêtes déchiquetées, bruyères, ajoncs et arbrisseaux se côtoient pour dessiner ce tableau aride si caractéristique des landes atlantiques. En automne, tout le cadre se pare de tons dorés qui me rappellent tout à coup les plateaux québécois du mont Albert à l'été indien. Georges se fond à merveille dans les herbes hautes.

Un point au sommet du mont Saint-Michel-de-Brasparts attire notre attention. Il ne nous en faut pas plus pour nous convaincre d'y jeter un oeil. Située à 381 m d'altitude, une chapelle construite en 1672 domine le paysage. Au loin, nous apercevons même les montagnes Noires et la baie de Morlaix.

Et dire que depuis quelques années je me suis éloignée de ma Terre bretonne natale par soif de reliefs et de sauvage. J'en viens à penser que j'ai peut-être sous-estimé les écrins de nature brute que ma région a à offrir.

Peut-être cherchons-nous parfois trop loin un dépaysement qui est en fait presque sous nos yeux ?

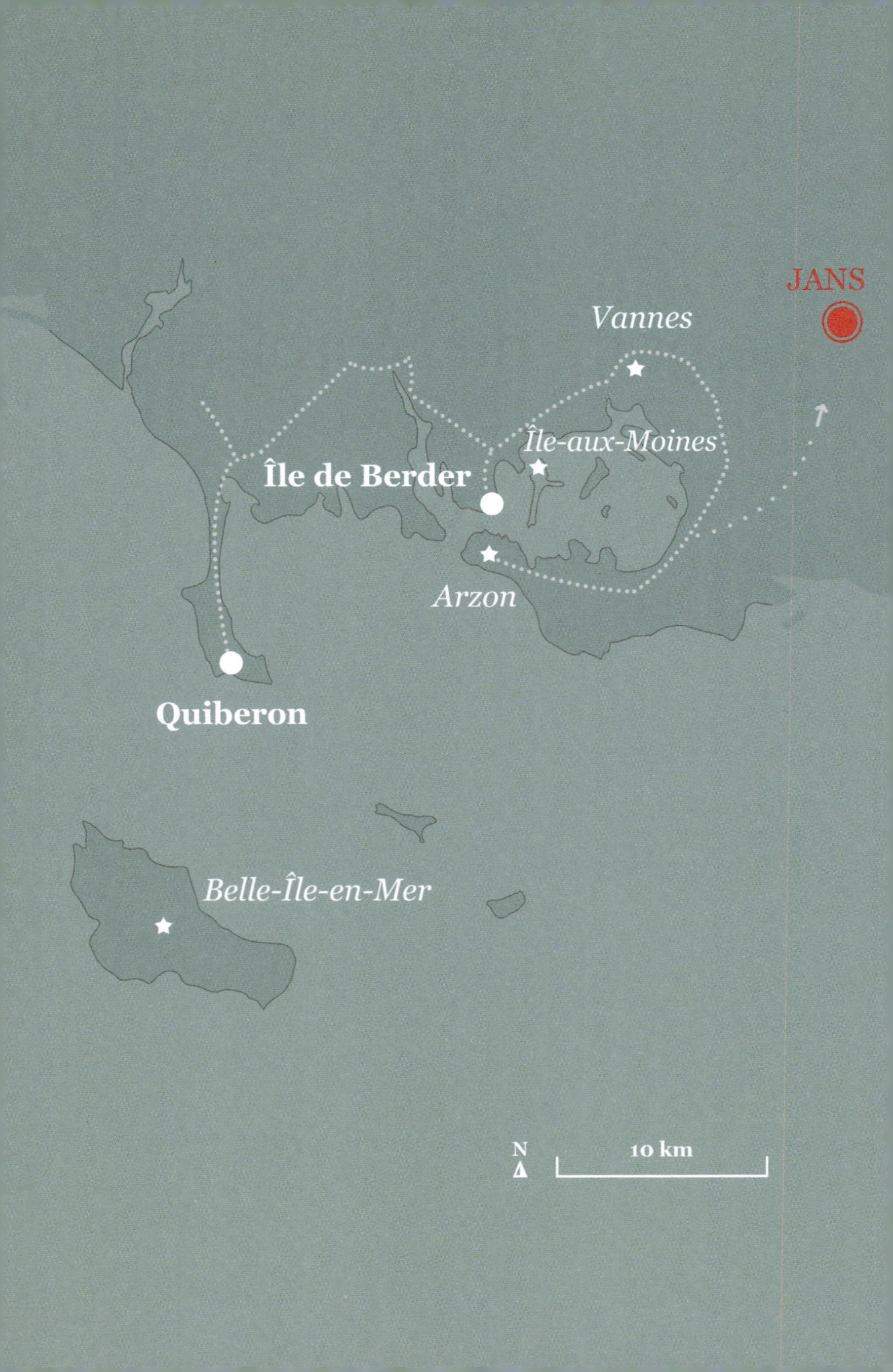
JANS
Vannes
Île-aux-Moines
Île de Berder
Arzon
Quiberon
Belle-Île-en-Mer
N
10 km

Le golfe du Morbihan

De Quiberon à Jans

133 km

Proche de la côte sauvage, Quiberon : 47.496976, -3.146882

Petit coin isolé face à la mer, St-Armel : 47.552474, -2733541

La crème de Salidou au beurre salé

L'ÎLE DE BERDER

Le golfe du Morbihan est une véritable mer intérieure abritée de l'océan. Que ce soit à pied, en bateau ou à vélo, il fait bon découvrir les moindres recoins de cette baie à un rythme plus lent. L'île de Berder est de loin notre préférée. Île privée, néanmoins accessible aux visiteurs, un sentier pédestre de 2,6 km en fait le tour. Plages de sable fin, points de vue sur l'île aux Moines, petite chapelle datant de 1885, Berder est pleine de surprises.

QUIBERON

Avec ses faux airs de bout du monde, la pointe de Quiberon est une destination sauvage à quelques pas du golfe du Morbihan. Nous y avons ressorti nos planches de surf et nos chaussures de randonnée (mais pas en même temps), pour profiter de cet environnement grandiose entre terre et mer. Envie de vous évader sur un territoire insulaire ? Embarquez sur un des ferries qui relient Quiberon à Belle-Île-en-Mer.

LA ROUTE DES MYTHES & LÉGENDES

— 436 km —

On le sait, la Bretagne est un territoire de mythes et de légendes, dont les forêts sont peuplées de personnages mystérieux. Étant tous les deux Bretons d'origine, nous avons grandi avec les histoires de Merlin l'enchanteur, de la fée Viviane et du roi Arthur. Cela nous a donné l'idée de vous concocter ce circuit thématique de l'Ille-et-Vilaine au Morbihan en passant par le Finistère.

La Roche aux Fées

Pour débuter cette exploration enchantée, nous vous proposons un premier arrêt au sud de Rennes. La Roche-aux-Fées est une allée couverte mégalithique datant du néolithique. On raconte que la fée Viviane, aidée de ses fées constructrices, aurait élevé cette construction en une nuit seulement afin de convaincre les humains de leur existence.

La forêt de Huelgoat

Dans cette forêt, on retrouve certaines légendes arthuriennes et surtout celle de Gargantua. Un jour, furieux de l'accueil qu'on lui réserva, Gargantua décida de se venger en jetant tous les rochers qu'il trouva sur son passage, créant ainsi un sacré désordre. Ce n'est pas une coïncidence si la forêt est aujourd'hui surnommée "la forêt du chaos".

La forêt de Brocéliande

Ce deuxième stop vous emmène au plus près des légendes arthuriennes. Le tombeau de Merlin l'enchanteur, la fontaine magique de Barenton, le Val sans Retour domaine de la fée Morgane, l'étang du Miroir aux Fées, l'arbre d'or... autant de sites naturels exceptionnels et de contes fabuleux qui émerveillent. Sans oublier que Brocéliande est également un haut lieu du druidisme.

Si vous vous arrêtez au village de Paimpont, vous découvrirez de nombreuses petites boutiques féeriques et même une herboristerie pour les sorcières modernes.

Le village de Locronan

Au fond de la baie de Douarnenez, cette petite cité de caractère nous fait faire un bond dans le temps grâce à son patrimoine architectural remarquablement bien conservé. Un décor de rêve dans lequel on peut laisser éclore notre imaginaire et se réinventer une vie au début du 20e siècle.

Les mégalithes du Morbihan

Le Morbihan possède un incroyable patrimoine mégalithique. On y dénombre pas moins de 550 sites mégalithiques ! Nos préférés sont les alignements de Carnac et le Cairn de Gavrinis. Plusieurs théories s'interrogent sur ces alignements mystérieux : s'agirait-il de repères pour étudier les phases lunaires ou bien de demeures de korrigans ?

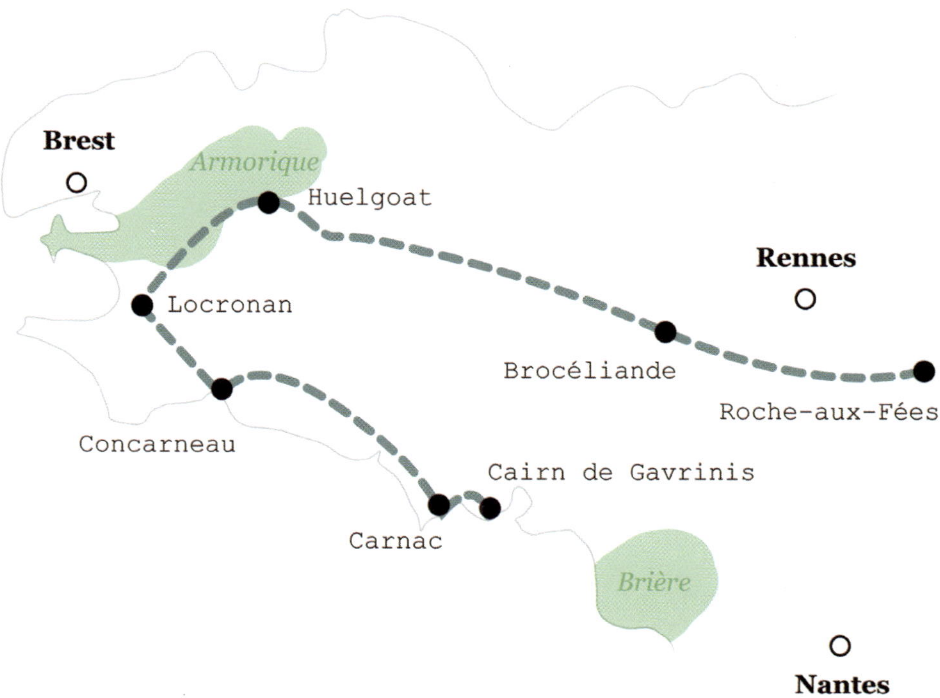

A LA RECHERCHE

"Tout homme est tiraillé entre deux besoins. Le besoin de la Pirogue, c'est-à-dire du voyage, de l'arrachement à soi-même, et le besoin de l'Arbre, c'est-à-dire de l'enracinement, de l'identité.

Les hommes errent constamment entre ces deux besoins en cédant tantôt à l'un, tantôt à l'autre jusqu'au jour où ils comprennent que c'est avec l'Arbre qu'on fabrique la Pirogue."

Mythe mélanésien

Pendant plus de dix ans, nous avons voyagé, séjourné à l'étranger, nous nous sommes expatriés, portés par le souffle de nos envies de découverte du monde. Par notre besoin de pirogue. Ces quatre dernières années nous ont offert l'opportunité de travailler tout en voyageant. Sans attaches. Libres.

Mais après quelques mois d'immersion, nous finissons toujours par nous languir de notre routine française, de nos proches, de notre culture et de nos repères. De nos racines, en somme. C'est le besoin de l'arbre qui s'exprime alors.
Nous connaissions ce proverbe mélanésien depuis longtemps, sans trop parvenir à mesurer pleinement l'implication de sa dernière phrase. À l'issue de ces cinq mois de road-trip en France, nous ne pouvons pas affirmer en être dorénavant capables, mais la nature de notre compréhension a changé. Nous ne saisissons plus son sens avec notre cerveau, mais nous le ressentons dans toutes les fibres de notre corps.

Cette aventure nous a fait réaliser que pour trouver un équilibre, il ne suffit pas de s'improviser *digital nomads* et de partir avec son van. Si la pirogue n'est pas construite avec le bois de l'arbre, elle finira par prendre l'eau.

Nous aimons vivre en van et voyager, certes, mais nous ressentons aujourd'hui le besoin de freiner la cadence. Le mouvement induit une fatigue, et il est dorénavant temps de l'écouter. De démonter notre pirogue, et de la reconstruire planche après planche, avec le bon bois.

À l'heure où ces lignes sont couchées sur papier, nous louons un appartement au Mont-Dore, dans le Puy-de-Dôme, en attendant de trouver notre vrai chez nous. Nous rêvons d'une petite grange à retaper, donnant sur la nature et d'un potager bien rempli. Professionnellement aussi, c'est l'heure du point : nous partirons de nos centres d'intérêt, plutôt que de nos compétences. Pourquoi pas le bien-être ? Nos "voyages", eux, se limitent dorénavant à des week-ends de micro-vanlife à bord de Rosalie, notre Kangoo Maxi aménagé.

La route n'a pas fini de nous appeler, de nous crier combien la liberté est notre droit le plus précieux.

◆

Mais cette fois, nous ne pensons pas au prochain voyage, ni même au prochain road-trip.

◆

Nous partons à la recherche de nos racines, à la recherche de l'arbre le plus solide.

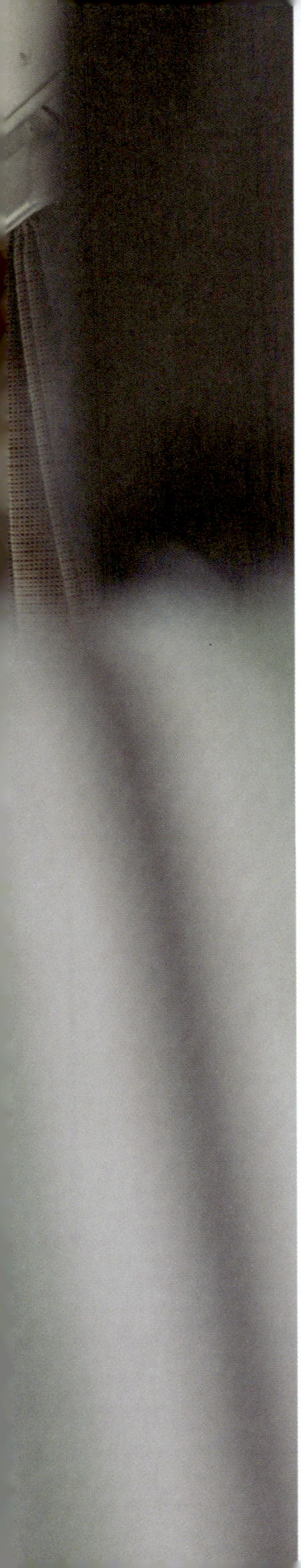

CONSEILS VANLIFE

OÙ DORMIR AVEC SON VAN ?

Un point sur la légalité :

• Aucun article de loi n'interdit de dormir dans un véhicule tant que le stationnement ne gêne pas et que le camping sauvage n'est pas réglementé.
• Il est impossible de parler de camping sauvage lorsqu'un véhicule est à l'arrêt sans aucune installation extérieure (exemple : *chaise, table pliante, glaciaire, réchaud, cales de stationnement, toit relevé, etc.*).
• Conseils en l'absence de panneau : être discret et propre, éviter d'installer des équipements extérieurs et de rester plus d'une nuit au même endroit.

Où dormir ?

• Camping
• Chez des agriculteurs
• Camping sauvage
• Parking de départ de randonnée
• Parking public
• Parking d'église

Où ne pas dormir ?

• Aire d'autoroute (sécurité)
• Zone naturelle protégée
• En cas de réglementation locale
• Présence d'un panneau

APPLICATIONS MOBILES

• Flush & Où sont les toilettes : Trouver des toilettes à proximité
• FreeTaps : Trouver des points d'eau potable à proximité
• Park4night : Trouver un spot pour la nuit
• Roadtrippers : Planifier son road trip et ne rien manquer
• Bienvenue à la ferme & Gamping : Camping à la ferme
• Waze : GPS et informations routières
• Google Maps : Anticiper le relief si le véhicule est peu puissant
• Essence&Co : Station essence la moins chère à proximité
• Splitwise & Tricount : Partager les frais entre plusieurs personnes
• Appli Marchés : Les marchés de producteurs en France
• Visiorando : Cartes de Randonnées IGN

LES ESSENTIELS

ZÉRO DÉCHET

- [ ] Pailles en métal
- [ ] Gobelets nomades
- [ ] Tupperwares
- [ ] Mouchoirs en tissus
- [ ] Gourde
- [ ] Cotons en tissus
- [ ] Brosses à dents en bamboo
- [ ] Savons & Shampoing solides
- [ ] Gants et serviettes de toilette
- [ ] Chiffons
- [ ] Protections hygiéniques lavables
- [ ] Serviettes de table en tissus
- [ ] Bicarbonate de soude

VÊTEMENTS

- [ ] 1 paire de chaussures de rando
- [ ] 1 paire de tongs
- [ ] 1 paire de chaussures de saison
- [ ] 7 sous-vêtements
- [ ] 7 paires de chaussettes
- [ ] 7 tee-shirts de saison
- [ ] 2 pantalons ou shorts
- [ ] 1 gilet
- [ ] 2 robes ou jupes
- [ ] 1 maillot de bain
- [ ] 1 pull
- [ ] 1 veste de saison
- [ ] 1 veste de pluie
- [ ] 1 chapeau
- [ ] 1 paire de lunettes

CUISINE & TOILETTE

- [ ] Trousse à pharmacie
- [ ] Accessoires de toilette
- [ ] Lingettes bébé
- [ ] Sac à linge sale
- [ ] Sacs poubelle
- [ ] Bassine
- [ ] Douche solaire
- [ ] Ustensiles de cuisine
- [ ] Grille de BBQ
- [ ] Chaises et table pliante

ENTRETIEN

- [ ] Huile moteur
- [ ] Liquide de refroidissement
- [ ] Triangle et gilet jaune
- [ ] Quelques outils

CAMPING

- [ ] Duvets & tapis de sol
- [ ] Tente
- [ ] Anti-moustique
- [ ] Lampes LED

PRATIQUE

- [ ] Briquet
- [ ] Lampe de poche
- [ ] Rallonge
- [ ] Tuyau d'arrosage
- [ ] Moustiquaire

LES VOYAGES DE TAO

Equipage | Magali, Julien & Tao
Website | lesvoyagesdetao.fr
Instagram | @lesvoyagesdetao
Modèle | Fiat Ducato
Achat | 31 000 € d'occasion

INTERVIEW

Pouvez-vous vous présenter en quelques mots ?

Magali la maman photographe de métier et Yogi passionnée, Julien le papa surfeur fan des sports de glisse et Tao du haut de sept ans déjà grand voyageur et aventurier. Nous parcourons la France et l'Europe à bord de notre Fiat Ducato depuis 2017. Avant, nous avions un autre compagnon de route, toujours un Fiat Ducato mais beaucoup plus vieux.

Pour quel modèle de fourgon avez-vous opté pour vos voyages nomades ?

Le choix du véhicule s'est fait assez rapidement. Même si les petits vans nous faisaient de l'œil, nous savions qu'ils ne répondraient pas à tous nos critères. Le camping-car, bien qu'attrayant pour sa place, a vite été rayé de notre liste, car trop imposant à notre goût. Nous avons donc opté pour un Fiat Ducato de 6 mètres de long, aménagé d'origine. C'était plus simple que de l'aménager nous-mêmes. Nous souhaitions un véhicule qui reste compact tout en offrant un certain confort à notre petite famille. Nous aimons être autonomes, ainsi douche et WC étaient indispensables pour nous. Ce véhicule est parfait pour une famille de trois, nous avons vite trouvé nos marques. Tout le matériel de sport va sur le toit, nous y accédons pas une échelle. Tao dort dans un lit cabine et nous sur le lit permanent à l'arrière.

De plus, avoir sa petite maison avec soi est vraiment très pratique. Avec un enfant, il faut souvent prévoir beaucoup de choses surtout quand ils sont petits. Rien de plus facile que de tout ranger dans le camion et hop c'est parti.

Quels plaisirs trouvez-vous à voyager en fourgon en famille ?

Voyager en camion offre à Tao un véritable sentiment de liberté. Nous sommes davantage proches de la nature et elle devient son terrain de jeu favori. Nous aimons également nous retrouver à trois dans cet espace restreint, cela renforce encore davantage nos liens.

Auriez-vous un spot vanlife à nous recommander près de chez vous ?

Nous habitons à Nice sur la Côte d'Azur. Les possibilités pour s'évader, même le temps d'un week-end, ne manquent pas. Nous aimons beaucoup traverser la frontière et partir en Italie. Mais un de nos spots préférés est le Boréon. Dormir au bord de la rivière c'est juste sublime. On déconnecte de suite.

6 AVANTAGES DU CAMPING-CAR

Souvent boudé par les jeunes générations, le camping-car ne serait-il pas la solution idéale pour les voyages en famille ou les longs séjours sur la route ? Marion de Wikicampers nous donne son avis sur la question !

1. TOUT LE CONFORT À BORD

Un des avantages du camping-car, c'est avant tout le confort et l'espace habitable à l'intérieur. Il comporte généralement un lit fixe à l'arrière pour deux personnes et parfois un couchage au-dessus du poste de pilotage ou des lits superposés.

2. L'AUTONOMIE

L'autonomie d'un camping-car est de plusieurs jours : le panneau solaire recharge la batterie même à l'arrêt et plus de 100 litres de réserve d'eau propre. Côté cuisine, le réfrigérateur est suffisamment grand pour contenir plusieurs jours de vivres. Vous allez pouvoir cuisiner comme à la maison (ou presque). Côté salon, la table est assez grande pour y manger à quatre personnes minimum. La salle de bain comprend douche et WC.

3. LES RANGEMENTS

Les rangements sont nombreux, tant à l'intérieur que dans la soute. Généralement, les camping-cars sont équipés de porte-vélos. Bien pratique pour vous déplacer lorsque vous êtes garés.

4. LE RÊVE POUR LES ENFANTS

Le camping-car est adapté aux familles, avec jusqu'à six ceintures de sécurité et des couchages pour sept personnes. Vos enfants vont l'adorer et vont même lui trouver un petit surnom !

5. LE STATIONNEMENT

On pourrait penser qu'il est difficile de trouver des spots où dormir quand on voyage en camping-car, mais les solutions pour stationner la nuit sont tout de même nombreuses : le réseau France Passion vous accueille gratuitement chez des agriculteurs / viticulteurs passionnés.

6. LA CONDUITE

Le camping-car se conduit comme une voiture, seul le permis B suffit. Il faut juste prendre les virages plus large et garder en mémoire la hauteur du véhicule.

wikicampers
Location entre **particuliers**

Wikicampers.fr est une plateforme collaborative de location de vans, fourgons et camping-cars entre particuliers. La réservation se fait en quelques clics sur le site ou l'appli mobile. Comptez environ 700 € pour une semaine, incluant l'assurance tous risques et l'assistance 7j/7 24h/24.

COUCOU LIBERTÉ

Equipage	Gilles & Maggy
Instagram	@coucouliberte
Modèle	Mercedes 410D de 1991
Achat	8 000 € d'occasion
Dépense	9 000 € d'aménagement

INTERVIEW

Pouvez-vous vous présenter en quelques mots ?

Nous sommes Gilles et Maggy, accompagnés de Minoutte, notre chat. Nous voyageons à plein temps, depuis juin 2018, à bord de notre Mercedes 410D, de 1991.

Pour quel modèle de van avez-vous opté pour votre vie nomade ?

Nous voulions un camion fiable et avec une petite bouille. On a aussi pensé aux contraintes de PTAC et de puissance moteur, pour arriver à un équilibre, d'où le choix coup de coeur de ce Mercedes.

Avantages : Il a peu d'électronique. Le moteur a assez de couple même si la vitesse de pointe reste limitée par rapport à un fourgon moderne !
Inconvénients : Il est bruyant, le moteur étant dans la partie cabine. Nous préférons donc les courtes distances pour reposer nos oreilles.

Nous avons aménagé nous-mêmes le camion : isolation, création des meubles, pose des fenêtres/lanterneaux. Nous avons seulement fait faire la partie gaz, chauffe-eau/chauffage et la base de l'électricité, pour des raisons de sécurité et pour aussi aller plus vite dans la construction. Le camion est plein de DIY, comme notre petite étagère à épices et nos filets de rangement. Nous avons acheté le camion vide, 8000€, et après aménagement il nous a coûté environ 17000€ en tout.

Pourquoi avez-vous décidé de vivre en van à temps plein ?

L'envie de voyager, de changer de mode de vie. Après plus de 10 ans en région parisienne, il y avait un certain ras-le-bol du métro-boulot-dodo. Nous avions peu voyagé, Maggy devait quitter son travail, Gilles était déjà freelance, donc c'était l'occasion rêvée. Nous avons la chance d'avoir des métiers qui sont parfaits pour le mode de vie nomade. La transition a donc été facile. Les contraintes du freelance restant les mêmes, vie en van et vie professionnelle ne sont qu'une question d'équilibre à trouver.

Auriez-vous un spot vanlife à nous recommander près de chez vous ?

Le van est notre maison, donc nous n'habitons aucune région en particulier. Nous avons adoré le lac du Salagou et le Colorado Provençal, qui ont des couleurs surnaturelles. Il y a aussi le Jura ! On l'a fait en automne. Les couleurs sont superbes. Dormir en spot nature au milieu des sapins, c'est top.

GUIDE PRATIQUE POUR PRENDRE UNE DOUCHE

L'une des questions que se posent la plupart des personnes avant leur première aventure en van aménagé est : comment prendre sa douche et conserver la même hygiène de vie qu'à la maison (ou presque !) lorsque l'on est sur les routes ?
Jean-Philippe de l'agence de location VAN-AWAY nous livre ses meilleurs conseils.

LA CABINE DE DOUCHE

Si une toilette de chat peut être faite à l'intérieur du van, une vraie douche nécessitera, si elle est prise autour du véhicule, des équipements adaptés. À moins de vouloir éblouir votre entourage de votre anatomie...

- La tente de douche (le modèle Décathlon est très bien), qui se monte en deux secondes (prouvé !), mais se replie en au moins deux minutes. Avantage : elle prend peu de place une fois pliée, et peut s'installer presque partout.

- La tente de hayon - et c'est là notre préférence - que l'on fixe en une minute à l'arrière du van et offre plus d'espace et de confort. Les modèles de chez Reimo sont d'un très bon rapport qualité-prix, et la tente Volkswagen est bien entendu chère, mais très très bien (mais chère).

- Ajoutez à cela l'incontournable petit tapis caoutchouc pour éviter de vous doucher dans une mare de boue.

UN DOUCHE CHAUDE ?

Venons-en au fait : comment prendre une douche chaude autour de votre van ?

- La douche solaire : C'est une poche en PVC reliée à un tuyau muni d'un embout en forme de pomme de douche, qui se suspend en hauteur en plein soleil. Un moyen simple et peu encombrant pour se doucher en road-trip, à la belle saison uniquement !

- La douche portative à pression : Plus pratique que la douche solaire, elle est dotée d'un système permettant de mettre l'eau sous pression. Pour chauffer l'eau, deux solutions : le soleil comme précédemment, ou plus rapide, un mélange d'eau froide et d'eau frémissante chauffée à la casserole.

- Et le must du must : l'eau chaude directement à la douchette de votre van ! Si plusieurs solutions existent (à gaz, solaire...), la plus pratique et la moins encombrante est l'installation d'un boiler qui permet de chauffer une petite quantité d'eau à 60 voire 80 degrés. Un mitigeur installé sur votre douchette arrière vous permet alors de régler votre température... comme à la maison quoi !

Cette solution équipera le réseau Van-Away en 2020 sur nos vans de location et peut s'installer à la demande sur votre propre van : vous êtes alors totalement autonomes. Et n'avez plus aucune excuse pour bivouaquer au lieu d'aller au camping, comme ici notre championne de kitesurf Armelle Courtois.

Van-Away, avec leurs 15 agences en France métropolitaine et une agence en Nouvelle-Calédonie, est un spécialiste des vacances itinérantes et séjours nomades en couple, entre amis, ou en famille depuis bientôt 10 ans.
Leur mission : faire découvrir la liberté à bord d'un van, d'un fourgon aménagé pour être en totale autonomie, ou vivre un road-trip 100% nature à bord de sa propre voiture équipée d'une mini caravane ou d'une tente de toit pour être encore plus près des étoiles.

AKAO VAN

Equipage | Myriam & Florian
Instagram | @akao.van / @gruet.florian
Portfolio | www.gruetflorian.com
Modèle | Hymer Citroën B564 de 1993
Achat | 10 000 € d'occasion
Dépense | 300 € d'aménagement

INTERVIEW

Pouvez-vous vous présenter en quelques mots ?

Salut, moi c'est Myriam, 37 ans, créative, touche à tout et amoureuse des plantes et Florian 41 ans, photographe spécialisé dans les activités outdoor, heureux propriétaire de Bobby, notre Hymer Citroën de 1993. On voyage au gré de nos envies sur les routes françaises à la recherche de nouveaux paysages et de belles ambiances à capturer.

Pour quel modèle de van avez-vous opté pour votre vie nomade ?

Ayant un budget de 10000€ suite à la vente de notre premier véhicule (un Trafic II L1H1 aménagé par nos soins), on cherchait un camion avec toutes les commodités « basiques » à bord : cuisine, toilettes, douche et chauffage pour partir plus longuement sur les routes à n'importe quelle saison et en étant plus autonomes. Idéalement, on voulait un véhicule confortable, pas trop gros, maniable et au look sympa pour les photos ! L'idée d'un camping-car a émergé et tous nos critères étaient réunis dans le type Hymer B564.

Bobby fait maintenant parti de notre quotidien depuis un an et demi. En bon état, on l'a juste mis à notre goût en réadaptant la table centrale à nos besoins créatifs, en remplaçant l'ancien système d'éclairage intérieur par des LED (plus économique) et en changeant les tissus des banquettes et des sièges, c'est tout !

Pourquoi avez-vous décidé de vivre en van à temps plein ?

Après avoir quitté nos jobs respectifs (en 2016 et 2017) pour nous lancer à 100% dans la photo, nous ressentions l'envie d'évasion. Nous avons donc acheté notre premier van, le Trafic. Vivre en van fulltime n'était pas du tout prévu à ce moment-là, mais les trois mois passés non-stop dans notre première petite maison sur roues, à traverser la France et à longer la côte ouest, de Biarritz au Mont-Saint-Michel, ont confirmé notre besoin d'aventure.

Six mois après, on a quitté notre appartement dans le Sud, acheté notre camion actuel et repris la route de la vie nomade. La liberté de se déplacer quand on veut, où l'on veut et d'y rester le temps que l'on veut, convient totalement à cette vie de photographes outdoor que nous avons choisie.

Étant de la Méditerranée, on a toujours eu les pieds dans l'eau. Et en tant que photographes spécialisés dans la photo sous marine en apnée, il était important pour nous de pouvoir continuer nos activités nautiques tout en étant sur les routes.

ACTIVITÉS NAUTIQUES ET VANLIFE

Myriam & Florian nous livrent leurs quatre conseils pour allier activités nautiques, tels que la plongée en apnée, le paddle ou le kayak, avec la vie en van aménagé.

1

ÉQUIPEMENT

Opter pour un équipement gonflable (paddle et kayak), plus pratique à stocker dans le camion. Surtout quand on n'a pas de coffre externe ou de barres de toit.

2

RINÇAGE

Bien rincer les combinaisons aux douches des plages ou directement dans celle du camion.

3

SÉCHAGE

Trouver un endroit pour poser le matériel trempé : nous, on étend nos combinaisons et on entrepose le reste (caisson étanche, masques et palmes) dans le bac de douche qui est séparé des toilettes. C'est d'ailleurs un de nos critères primordiaux lors du choix de véhicule.

4

DOUCHE

Quand on trouve un point d'eau externe, on utilise également une douche nomade de huit litres, bien pratique pour laisser le sable en dehors du camion.

CHOISIR UN VAN OU UN FOURGON ?

Nathalie, du site d'information FOURGON LE SITE, vous propose un petit quiz pour savoir quel type de véhicule serait le mieux adapté à vos aventures sur les routes françaises.

MOI CE QUE JE PRÉFÈRE... C'EST :

- Aller où ça me chante
  Moins de 2,00 m pour se faufiler sous les barres de hauteur et passer en Classe 1 au péage, un gabarit adapté au stationnement urbain... Je veux passer partout et être ultra-discret.

- Un véhicule (aussi) pour tous les jours
  Compact et pratique, je veux pouvoir utiliser mon véhicule au quotidien pour emmener les enfants à l'école ou aller faire les courses.

- Avoir du style
  Planche de surf sur le toit, feu de camp et guitare, la grande époque des Combi VW continue de me faire rêver. Si j'avais eu 30 ans dans les années 70, c'est sûr, j'aurais été des leurs !

- Privilégier l'essentiel
  Ce dont j'ai besoin avant tout, c'est d'un véhicule pour me déplacer et d'un abri pour dormir. Pour la cuisine ou la douche, le système D c'est mon Dada. Je me débrouille au gré des opportunités.

☐

Je suis van ! Je privilégie un modèle sur Ford Transit Custom, VW T6, Renault Trafic...

MOI CE QUE J'AIME... C'EST :

- **Emmener tout ce dont j'ai besoin**
  Chaussures de randonnée, mobilier d'extérieur, matériel de sport... rien ne restera sur le carreau. J'ai besoin d'un bon volume de rangement et d'une charge utile conséquente.

- **Voyager en famille**
  À quatre, chacun doit pouvoir disposer d'un minimum d'espace vital à bord et avoir un lit confortable, si possible permanent pour se simplifier le quotidien.

- **Prendre une bonne douche**
  Je veux pouvoir faire ma toilette au quotidien et en toute intimité. Pour la douche, j'ai besoin d'une réserve d'une centaine de litres d'eau propre pour trois ou quatre jours d'autonomie.

- **Cuisiner de vrais repas**
  Les pique-niques, c'est sympa, mais j'aime aussi les bons petits plats. Avec un grand frigo et un vrai plan de travail, je peux cuisiner (presque) comme à la maison.

Je suis fourgon ! Je privilégie un modèle sur Fiat Ducato, Citroën Jumper, Mercede Sprinter...

YOGA VANLIFE

Equipage | Pauline
Instagram | @yogavanlife / @wildbyearth
Website | www.poleenyoga.com
Modèle | Renault Master L1H1 de 2005
Achat | 2 500 € d'occasion
Dépense | 2 500 € d'aménagement

INTERVIEW

Peux-tu te présenter en quelques mots ?

Je suis Pauline, une nomade de 28 ans. Avec mon lapin nommé Önskan, nous vivons dans Loghann (nom signifiant petite caverne en Celte) mon van aménagé : un Renault Master L1H1 de 2005. Professeure de Yoga Intuitif et créatrice d'objets de décorations, j'allie travail et voyages depuis mars 2018.

Pour quel modèle de van as-tu opté pour ta vie nomade ?

L'allure discrète et passe-partout d'un utilitaire m'a séduite. Même si le confort et l'espace intérieur de Loghann restent restreints (on ne s'y tient pas debout), son petit gabarit me permet de me garer partout et d'accéder à des spots en pleine nature facilement. Il m'a fallu quatre mois pour l'aménager seule. À part la partie électricité qui était moins réjouissante, j'ai adoré bricoler et apprendre à créer ma propre maison sur roues ! Son prix total m'a coûté environ 5000€, dont la moitié pour l'aménagement.

Vivre en van : un nouveau départ pour toi ?

C'est après six ans de vie londonienne que j'ai ressenti le besoin de ralentir, de prendre le temps d'explorer le monde extérieur et mon monde intérieur. J'ai alors tout quitté pour vivre autrement à plein temps en van, et continuer à partager mon amour du yoga sur les routes. J'enseigne notamment aux gens rencontrés lors de mes périples ainsi que dans des festivals et studios de yoga un peu partout en Europe. Avoir plus de temps libre m'a permis d'enrichir ma créativité. J'ai ainsi démarré une seconde activité professionnelle, toujours faite avec passion, créer des objets de décoration en bois et macramés. Pour être compatible avec mon nomadisme, j'ai choisi de les vendre en ligne, sur ma boutique Etsy Wild by Earth. Ce mode de vie m'offre aussi plus d'indépendance, d'autonomie, de li-ber-té ! Je me sens en phase avec mes valeurs de vivre plus avec moins, et je me ressource véritablement au contact de la nature.

Est-ce facile pour une femme de voyager seule en van ?

Voyager seul.e en van est-il différent pour une femme que pour un homme ? Oui. Est-ce plus dangereux qu'une vie sédentaire ? Non. Nous restons confrontées aux mêmes problématiques dans une société patriarcale, peu importe notre mode de vie. C'est l'envie de défendre cette nuance, et de contribuer à faire évoluer la perception de l'image des femmes libres et indépendantes, qui m'a encouragé à co-créer, avec d'autres femmes vivant en van seules, @vanlifeuses : un collectif qui a pour mission de revendiquer le droit à la liberté de la femme.

YOGA ET VANLIFE

Voici les cinq conseils de Pauline pour continuer une pratique de yoga en road-trip.

1

MATÉRIEL

Avoir un tapis de yoga épais pour pouvoir pratiquer en extérieur sur toute surface.

2

FLEXIBILITÉ

Être flexible, pas physiquement, mais sur les horaires et la régularité de votre pratique qui devra s'adapter aux conditions toujours changeantes qu'offre la vie en van.

3

CONCENTRATION

Se créer une bulle mentale pour ignorer les regards curieux des passant.e.s.

4

CRÉATIVITÉ

Faire preuve de créativité pour pratiquer quelques mouvements et étirements assis sur la banquette ou allongé sur le lit les jours de pluie.

5

ENVIRONNEMENT

Profiter des spots magnifiques isolés en nature pour une séance encore plus magique !

ROADTRIP
MAKES ME FREE

Avec le soutien de nos deux autres partenaires,
Idylcar et Eco Campers :

Idylcar est un réseau de revendeur et réparateur de van, fourgon et camping-car. Notre implantation géographique homogène nous apporte une présence nationale importante. Nous distribuons et entretenons les véhicules de loisirs de nombreuses marques, nous proposons des accessoires pour équiper, réparer et aménager les vans et fourgons ainsi que les camping-cars. A ce jour, le réseau Idylcar est composé d'une cinquantaine de concessionnaires experts en véhicules de loisirs avec plus de 400 collaborateurs formés aux dernières technologies.

Au départ, l'entreprise Eco Campers a été créée avec la volonté de partager notre passion, dans un souci de conservation et de sauvegarde du combi VW. Son activité se composait alors de restauration et de vente de véhicules d'occasion. Puis nos services se sont étendus à l'aménagement, notamment suite à un partenariat avec REIMO. Depuis, Eco Campers est l'aménageur exclusif REIMO pour la France. Tous les vans qui sont passés dans nos mains ont alimenté la passion et endurci l'expérience de notre équipe sur tous les types d'aménagement.

Suivez nos nouvelles aventures

www.theroadtrippers.fr

◆

hello@theroadtrippers.fr

facebook/theroadtrippers.fr
instagram/the_roadtrippers

Conception graphique, textes & photos : Camille Visage & Pierre Rouxel

Crédits Photographiques : © Valérie Visage (page 18, 178) ; © Léa Delapré (page 58-59) ; © Les Voyages de Tao (page 190-191) ; © Coucou Liberté (page 194-195) ; © Armelle Courtois (page 197) ; © Akao Van (page 198, 199, 201) ; © Yoga Vanlife (page 204, 205, 207)

Une coquille s'est glissée dans notre texte ? Envoyez-nous un petit message :)

Achevé d'imprimer en juin 2020 à Bordeaux.
Dépot légal juin 2020
ISBN : 978-2-490539-01-7